Artus –
König der Könige

John Matthews hat für dieses Buch Legenden aus den verschiedensten Sagenkreisen gesammelt, von denen einige dem Leser sicher unbekannt sein werden. Unser heutiges Bild von König Artus entstand größtenteils im Mittelalter und wurde durch die Erzählungen von Geoffrey of Monmouth und Chrétien de Troyes, die im 12. Jahrhundert gelebt haben, Thomas Malory aus dem 15. Jahrhundert und vielen anderen geprägt.

Die Originalausgabe erschien 2008 unter dem Titel *Arthur of Albion* bei Barefoot Books Ltd, Bath.

ISBN 978-3-8251-7682-2

Erschienen 2009 im Verlag Urachhaus
www.urachhaus.com

© 2009 Verlag Freies Geistesleben & Urachhaus GmbH, Stuttgart
© 2008 John Matthews (Text)
© 2008 Pavel Tatarnikov (Illustrationen)
The moral right of John Matthews to be identified as the author and Pavel Tatarnikov to be identified as the illustrator of this Work has been asserted
Gedruckt in Malaysia

John Matthews

Artus – König der Könige

Illustriert von Pavel Tatarnikov

Aus dem Englischen von Michael Stehle

Urachhaus

Inhalt

Albion 6

Artus von Albion 8
Ein Kind als König 10

Die Damen vom See 16
Wie König Artus das Schwert Excalibur bekam 18

Fabelhafte Wesen 24
Wie König Artus die Bellende Bestie traf 26

Camelot und die Ritter der Tafelrunde 32
Die Jagd nach dem Weißen Hirsch 34

Merlin der Weise 44
Die Geschichte von Merlin und Avenable 46

Ritter, Pferde, Waffen und Wappen 52
Die Abenteuer von Sir Lancelot 54

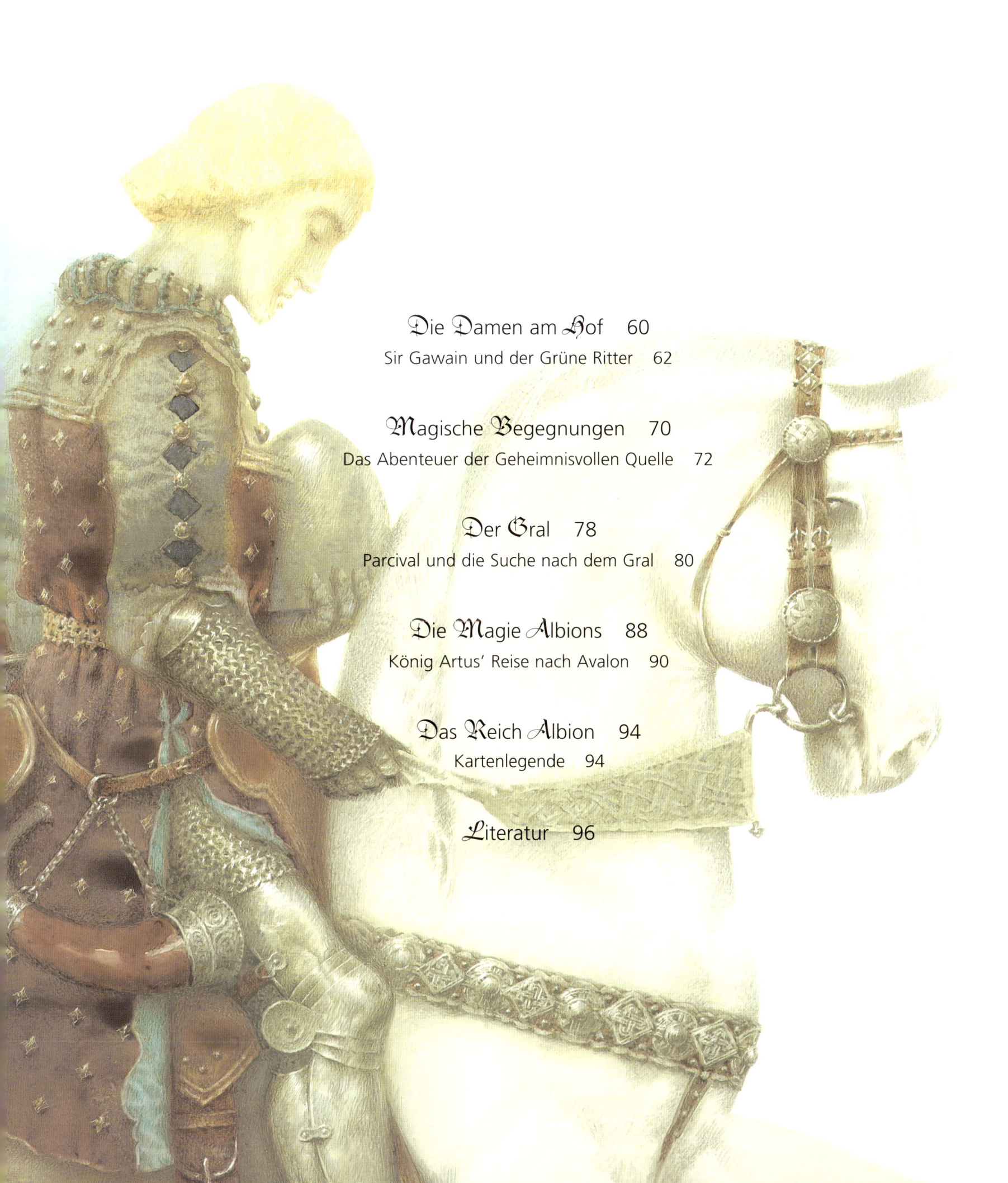

Die Damen am Hof 60
Sir Gawain und der Grüne Ritter 62

Magische Begegnungen 70
Das Abenteuer der Geheimnisvollen Quelle 72

Der Gral 78
Parcival und die Suche nach dem Gral 80

Die Magie Albions 88
König Artus' Reise nach Avalon 90

Das Reich Albion 94
Kartenlegende 94

Literatur 96

Das Reich Albion

In einer Zeit vor der Zeit, als die Welt noch voller Wunder war, lag jenseits der Säulen des Herakles, wie die Felsen zu beiden Seiten der Straße von Gibraltar genannt wurden, eine prachtvolle grüne Insel. In jenen Tagen kannte man sie unter vielen Namen. Einige nannten sie *Merlins Insel* nach dem berühmten Zauberer, der damals seine Magie in der Welt wirken ließ. Für andere war sie die *Insel der Mächtigen*, da sie viele ruhmreiche Helden hervorbrachte. Aber die meisten kannten sie unter dem Namen *Albion*, benannt nach einem Riesen, der dort vor langer Zeit geherrscht hatte.

Albion war ein Land voller Wunder. Tagsüber schliefen dort die Drachen hinter den Hügeln, um in der Nacht herauszukommen und das Dunkel mit den Flammen ihres Atems zu erhellen. Außerdem streifte ein merkwürdiges Wesen im Land umher, das man die *Bellende Bestie* nannte. Es hatte das Fell eines Leoparden, Kopf und Schwanz einer Schlange, die Beine eines Löwen und die Hufe eines Hirsches. Nur ein einziger Mann konnte es besiegen, aber der war noch nicht geboren.

Feenhafte Wesen aus dem Reich der Elfen und der Alten Welt sah man dort im Mondlicht ihren geheimnisvollen Angelegenheiten nachgehen – in jenen Tagen herrschte noch Frieden zwischen den Menschen und den Elfen.

Die Insel war in mehrere kleine Reiche aufgeteilt, die von mächtigen Königen regiert wurden. Jeder von ihnen erhob den Anspruch, der stärkste des Reiches zu sein, sodass es häufig zu Schlachten unter ihnen kam. Immer wieder versetzten diese Kriege das Land in Aufruhr und die Menschen verbrachten unruhige Nächte, da sie um ihren Besitz und ihr Leben fürchteten.

Doch von dem weisen Zauberer Merlin kam eine Prophezeiung:

>»Ein König wird kommen und das Reich regieren
>von hier bis an die Grenzen Roms,
>und sein Name wird Artus sein.«

Seine Prophezeiung sollte sich bewahrheiten, denn bald darauf begann die Zeit des König Artus.

Artus von Albion

Artus war der bedeutendste König Albions. Es heißt, dass Feenblut in seinen Adern floss, und dass dies der Grund für seine Weisheit und sein langes Leben gewesen sei. Man sagt auch, dass er sich in einen Raben verwandeln konnte und dass er in dieser Gestalt durch das ganze Reich geflogen sei, um nach tapferen Rittern Ausschau zu halten, die ihm dienen konnten.

Von Artus' Abstammung

Sein Vater war König Uther Pendragon und seine Mutter Königin Igraine, deren Vorfahren dem Geschlecht der Feen entstammten. Als Uther sich in Igraine verliebte, war sie die Frau des Fürsten Gorlois von Cornwall. Dieser fiel in einer Schlacht gegen Uther. Noch in derselben Nacht suchte Uther Igraine in ihrem Schloss auf und gab sich als ihr Mann aus. Bald darauf wurde Artus geboren.

Von Artus' Kindheit

Es gab viele, die den Sohn König Uthers und der Königin Igraine töten wollten. Und so nahm sich der Zauberer Merlin des Kindes an und brachte es eines Nachts fort vom Hof. Einige behaupten, er hätte den Jungen in die Obhut der Elfen gegeben, die ihn dann aufzogen. Es heißt aber auch, dass er ihn einem Ritter namens Sir Ector übergeben habe, mit dessen Sohn Kay Artus gemeinsam aufgewachsen sei. Merlin soll ihn oft besucht haben, um ihn in der Zauberei zu unterrichten und auf seine zukünftigen Aufgaben vorzubereiten.

Vom Schwert im Stein

Nach König Uthers Tod fürchtete Merlin zu Recht, viele der Mächtigen würden nicht glauben, dass Artus Uthers Sohn und damit der Thronfolger sei. Also bereitete er eine Prüfung vor, die beweisen würde, wer der rechtmäßige König sei. Mit magischen Kräften stieß er ein Schwert so tief in einen Block aus Marmor, dass nur noch das Heft herausschaute, und sorgte dafür, dass niemand außer Artus es wieder herausziehen könnte. Er beschwor einen furchtbaren Sturm herauf, und als dieser vorüber war, stand der Marmorblock mit dem Schwert plötzlich im Hof der größten Kirche des Landes. Bald darauf sollte die Prüfung stattfinden, von der wir gleich erzählen werden …

Von Artus als Herrscher

Als Artus König geworden war, bat er Merlin, ihm eine Stadt zu erbauen, die den Namen *Camelot* tragen und in deren Herz ein prachtvolles Schloss stehen sollte. In seinem Festsaal mit zweiundzwanzig Fenstern würde später eine runde Tafel stehen, an der sich die größten Ritter des Reiches als Gleiche unter Gleichen versammeln sollten.

So geschah es, und als die Stadt errichtet war, kamen die mutigsten und besten Ritter des Reiches zu König Artus und zogen von dort aus durch das Land, um den Frieden zu sichern und denen zur Seite zu stehen, die Hilfe benötigten. Damit begann die große Zeit seiner Regentschaft, in der der König selbst und seine Gefolgsleute zahllose Abenteuer zu bestehen hatten, die Menschen vor Schurken sicher waren und Drachen und andere Ungeheuer sich aus Angst um ihr Leben zurückzogen.

Artus heiratete Guinevere, was so viel heißt wie: *Die weiße Fee*. Sie war die schönste Frau in ganz Albion und gemeinsam regierten sie das große Reich.

In diesem Buch wirst du viel von diesen Abenteuern und ruhmreichen Taten erfahren: von den Unternehmungen des Königs und seiner Ritter, aber auch von der Rolle, die der weise Merlin darin spielte, dessen Ruhm als Zauberer und Prophet bis auf den heutigen Tag unübertroffen ist.

Ein Kind als König

In Albion lebte ein Herrscher mit Namen Uther Pendragon. Er war stark und kämpferisch und machte sich viele Feinde unter den Mächtigen des Reiches. Als seine Königin Igraine ihm einen Sohn gebar, gaben sie ihm den Namen Artus.

Uthers weiser und geheimnisvoller Berater Merlin besaß Kenntnis von allem, was in alten Zeiten geschehen war und in der Zukunft noch geschehen würde. Bald nach Artus' Geburt kam er zum König und sagte: »Sir, in Eurem Königreich gibt es viele Männer, die Euch und Eurer Familie Übles wollen. Es wäre besser, wenn Ihr Euren Sohn fortschicktet, bis die Gefahr vorbei ist.«

Obwohl es dem König schwer fiel, sich von seinem Sohn zu trennen, stimmte er zu. So nahm Merlin das Kind in seine Arme und brachte es fort. Im Schutz der Nacht trug er Artus zu einem Schloss inmitten des großen, dunklen Waldes. Dort übergab er das Kind einem tapferen und gewissenhaften Ritter mit Namen Sir Ector.

Sir Ector und seine Frau hatten nur ein Kind und dessen Name war Kay. An seiner Seite wuchs Artus wie ein Bruder auf, und weder der eine noch der andere wusste, dass Artus der Sohn des Königs war.

Viele Jahre vergingen und Uther wurde älter und krank. Als er spürte, dass er bald sterben würde, sandte er Boten zu Merlin aus, um ihm mitzuteilen, dass er seinen Sohn heimbringen solle.

Doch ehe sein weiser Freund ihm diesen Wunsch erfüllen konnte, starb König Uther und ließ das Reich Albion ohne Herrscher zurück.

Und so kam es, dass die Mächtigsten unter den Adligen sich darum stritten, wer der Nachfolger des großen Königs werden sollte.

Dann geschah eines Tages etwas Merkwürdiges. Im Hof der größten Kathedrale des Landes tauchte plötzlich ein großer Marmorblock auf, in dem ein strahlendes Schwert steckte. Und auf dem Block stand mit goldenen Buchstaben geschrieben:

> Wer dieses Schwert
> aus dem Stein zu ziehen vermag,
> ist der rechtmäßige König von Albion.

Als der Erzbischof die Inschrift gelesen hatte, verkündete er: »Jedermann, der meint, er habe einen Anspruch darauf, König zu werden, möge am Weihnachtstag hierherkommen und versuchen, das Schwert aus dem Stein zu ziehen.«
Und so geschah es. Aus dem ganzen Reich kamen die Menschen, und viele schlugen in der Nähe der Kathedrale ihr Lager auf. Die Ritter errichteten große, seidene Zelte und entfachten große Feuer oder nächtigten in Herbergen, die Ärmeren schliefen auf dem harten, gefrorenen Boden.

Als am Weihnachtstag die Messe vorbei war, versammelte sich eine große Menschenmenge um den Stein herum. Alle wollten sie sehen, wer das Schwert herausziehen und der neue König werden würde.
Die Zahl der Ritter und Adligen, die es versuchen wollten, war unermesslich groß und die Bewerber stellten sich in einer Reihe auf, die drei Mal um die Kirche herumführte. Immer wieder entstand Streit darüber, wer von ihnen beginnen dürfe.
Von morgens bis abends bemühten sich die stärksten Männer des Landes nach Leibeskräften, das Schwert aus dem Stein zu ziehen. Aber so sehr sie sich auch anstrengten, keiner von ihnen vermochte das Schwert auch nur einen Zentimeter zu bewegen. Als es am späten Abend noch immer niemandem gelungen war, zogen sich die Menschen in ihre Zelte und Häuser zurück.
Am nächsten Tag bot sich wieder das gleiche Bild, und die Ritter und Adligen begannen langsam zu murren. Da erschien Merlin unter den Leuten und

erklärte, dass man ein Turnier veranstalten solle, bei dem jeder von ihnen beweisen könne, wie stark er sei. Die Ritter hielten dies für eine gute Idee, und so begaben sich alle, die nicht ihr Glück mit dem Schwert versuchten, auf die Felder, um sich in Listen für das Turnier eintragen zu lassen.

Unter den vielen Neugierigen, die sich das Schwert anschauen wollten, befanden sich auch Sir Ector und seine beide Söhne Kay und Artus. Kay war ein stattlicher junger Mann, der die Gelegenheit nutzen und seine Kraft bei dem Turnier beweisen wollte. Als er sich am Kampfplatz vorbereiten wollte, bemerkte er, dass er sein Schwert in dem Gasthaus vergessen hatte, in dem sie untergekommen waren.

»Artus, lauf zurück und hol mir mein Schwert«, sagte er. »Ich gebe dir einen Penny dafür.«

Da Artus ein liebenswürdiger Junge war und seinen Bruder sehr mochte, machte er sich auf den Weg. Doch als er die Herberge erreichte, war sie verschlossen, da sich jedermann auf den Feldern befand, um den Rittern beim Turnier zuzuschauen. Auf dem Weg zurück zu Sir Ector und Kay kam er am Kirchhof vorbei und sah, dass niemand mehr in der Nähe war. Er konnte nur noch daran denken, wie wütend Kay werden würde, wenn er ohne seine Waffe zurückkäme, und so vergaß er völlig die Bedeutung dieses besonderen Schwerts, das dort in dem Marmorstein steckte. Ohne darüber nachzudenken, stellte er sich auf den Steinblock. Und nachdem er sich vergewissert hatte, dass niemand ihn beobachtete, ergriff er das Schwert, zog es mit einer einzigen, schnellen Bewegung aus dem Stein und lief damit zu Kay zurück.

»Ich danke dir, Artus, aber das ist nicht mein Schwert«, sagte Kay. »Wo hast du es gefunden?«

»Es steckte in einem Stein auf dem Kirchhof«, erwiderte Artus.

Kay schaute seinen Bruder fassungslos an. Gleich wurde ihm klar, was dies bedeutete: Artus würde der neue König des Reiches sein!

Er lief zu seinem Vater, und bald darauf wurde Artus

von allen Rittern und Adligen umringt, die ihn aufforderten, er solle das Schwert wieder in den Stein stecken und noch einmal herausziehen.

Als er es getan hatte, erhob sich ein lautes Freudengeschrei um ihn herum.

»Wir haben einen neuen König!«, riefen die Menschen.

Aber nicht alle freuten sich über dieses Ereignis. Einige der einflussreichsten Adligen stellten die Frage, wer dieser Artus überhaupt sei. Die Menge teilte sich in zwei Lager: Den einen war es egal, wer er war und woher er kam, für die anderen war dies von großer Bedeutung. Es schien, als würde ein Streit zwischen ihnen ausbrechen, doch da erschien Merlin ein weiteres Mal und verkündete, dass Artus niemand anders als der Sohn des Königs Uther und somit der rechtmäßige Herrscher des Reiches Albion sei.

Und so strömten sie alle in die Kathedrale, wo der Erzbischof unter lautem Jubel des Volkes den jungen Artus zum König krönte.

Unter den Adligen gab es dennoch einige, die befürchteten, Artus könne nicht selbst regieren, sondern stehe unter dem starken Einfluss Merlins. Da sie nicht wollten, dass der Zauberer der eigentliche Herrscher des Reiches würde, schlossen elf von ihnen sich zu einem Bund zusammen und stellten ein Heer auf, das gegen Artus kämpfen sollte. So herrschte eine Zeit lang wieder Krieg in Albion, bis es dem jungen König schließlich mit Merlins Hilfe gelang, die Feinde zu besiegen und seine Herrschaft zu stärken.

Der Zauberer erbaute ihm eine prachtvolle Stadt mit einem Schloss, das bald jeder unter dem Namen Camelot kannte. Es glänzte, als wäre es aus purem Gold gebaut, und in seinem großen Festsaal mit den zweiundzwanzig Fenstern stand eine Tafel, die für hundertundfünfzig Gäste Platz bot.

»Hier sollen sich die mutigsten Ritter des Landes versammeln«, erklärte Merlin. »Und da der Tisch rund ist, wird sich niemand wichtiger fühlen können als sein Nachbar.«

»Das ist eine sehr gute Idee!«, rief Artus. »Ich werde sie die *Ritter der Tafelrunde* nennen.«

Und so geschah es. Die besten und tapfersten Ritter des Reiches wurden in der Tafelrunde versammelt, und Merlin sorgte dafür, dass der Name eines jeden in goldenen Lettern auf seinem Stuhl geschrieben stand. König Artus ließ sie einen Eid schwören, dass sie Gutes tun, den Schwachen helfen und jedermann zur Seite stehen würden, dem ein Unrecht geschah, vor allem den Frauen und Kindern. Außerdem mussten sie ihm versprechen, dass jeder von ihnen nach der Rückkehr von einem Abenteuer berichten musste, was er erlebt hatte.

»Ich werde mich an keinem Abend zum Mahl setzen«, erklärte er, »ehe man mir von einem Abenteuer oder einer anderen bedeutenden Tat berichtet hat!«

Das wurde ein Brauch in Camelot, und er sollte so lange Bestand haben, wie Artus König war. Und groß war die Zahl der Geschichten, die in der Tafelrunde erzählt wurden.

Die Damen vom See

In der Zeit, als Artus König war, gab es einige Frauen mit magischen Kräften in Albion. Sie stammten aus dem Geschlecht der Feen, und jede entschied für sich selbst, ob sie ihre Fähigkeiten einsetzen wollte, um den König zu unterstützen oder ihm zu schaden. Viele der Prüfungen, die die Ritter der Tafelrunde bestehen mussten, wurden von diesen Frauen herbeigeführt. Oft schickten sie finstere Ritter oder andere, noch gefährlichere Wesen aus, mit denen sich Artus' Gefährten messen mussten.

Von den neun Damen und ihrer Macht

Gemeinsam repräsentierten diese neun Frauen die Macht der Alten Welt, der Zeit vor Artus' Herrschaft. Angeführt wurden sie von *Argante* der Weißen, und dies waren ihre Begleiterinnen: *Morgan Le Fay* und *Morgause*, die beiden geheimnisvollen Schwestern, die von einem unübertroffenen Hass auf Artus getrieben wurden; *Ragnall*, die das Herz des Ritters Sir Gawain gewann, nachdem ihr Bruder sie von einem Fluch befreite, der sie tagsüber schlafen und in der Nacht wach sein ließ; *Nimue*, von der es heißt, sie habe selbst Merlin bezaubert. Als er sich jedoch weigerte, sie in seine Zauberkünste einzuweihen, habe sie ihn in einen Felsen gebannt. Dann war da noch *Cundrie*, die Erdfrau, die den Rittern bei der Suche nach dem Gral zur Seite stand; *Ganeida*, eine Prophetin, die in die Zukunft schauen konnte; *Dindrane*, deren Blut heilen und Visionen hervorrufen konnte, und schließlich *Ceridwen*, die Kornfrau, die einen Kupferkessel besaß, der gefallene Ritter wieder lebendig machen konnte, ohne dass sie jedoch berichten konnten, was sie in der anderen Welt gesehen hatten.

Von Argante der Weißen

Die mächtigste unter ihnen war Argante, die an den Wassern des Sees Yr Wyddfa lebte. Von ihr erhielt Artus das sagenumwobene Schwert Excalibur, das von Elfen geschmiedet wurde, die sein Erz aus dem Herzen der Erde gewonnen hatten. Für Merlin, dessen Zauberkünste anderer Art waren als ihre eigenen, hatte sie wenig übrig. Dennoch half sie Artus viele Male, indem sie eine ihrer Frauen zu ihm sandte, um ihn vor Verrat oder dem Eindringen finsterer Mächte in sein Reich zu warnen.

Von Morgan Le Fay

Morgan Le Fay, die auch den Beinamen *Die Krähe* trug, war eine Tochter von Igraine und Herzog Gorlois von Cornwall, den Uther Pendragon im Kampf erschlug. Somit war sie Artus' Halbschwester und betrachtete ihn als Eindringling in ihre Familie. Ihr Hass auf ihn war so groß, dass er sie zu seiner unerbittlichen Feindin machte. Sie schickte häufig scheinbar edle Geschenke in das Schloss Camelot, mit denen sie Schaden anrichten wollte. Einmal war es ein vergifteter Mantel, den sie durch eine ihrer Frauen Königin Guinevere überreichen ließ. Doch Merlin durchschaute den bösen Plan und ließ die Überbringerin selbst den Mantel anlegen, worauf diese auf der Stelle tot zu Boden sank.
Später stahl Morgan Le Fay das Schwert Excalibur und gab es dem Ritter Accolon von Gaul, den sie liebte. Doch Artus konnte es ihm entwenden und erschlug Accolon, wodurch Morgans Zorn sich nur noch verstärkte. Die Schwertscheide jedoch, die ihren Besitzer vor jedem Schaden bewahrte, hatte sie behalten, und nun warf sie sie in einen unergründlichen Morast. Seither wurde sie von keinem Menschen mehr gesehen.
Aber jetzt erzähle ich euch die Geschichte, wie Artus dieses Schwert überhaupt erst bekam …

Wie König Artus das Schwert Excalibur bekam

Auch wenn Artus nun der Hochkönig Albions war, floss in seinen Adern doch noch immer das begierige Blut der Jugend. Wann immer er konnte, nutzte er die Gelegenheit, dem Hof den Rücken zu kehren und sich auf die Suche nach Abenteuern zu begeben. Oft wurde er dabei von Merlin begleitet, der sich um das Wohlergehen des jungen Königs sorgte.

Eines Tages stahl Artus sich unbemerkt durch ein kleines Tor in den Mauern Camelots und ritt auf unbekannten Wegen des Goldenen Waldes Richtung Norden. Nach einiger Zeit entdeckte er einen grimmigen Ritter, der hinter einem Baum verborgen auf einem reich verzierten Thron aus Stein saß. Er schien zu schlafen, aber zwischen seinen Beinen stand ein bloßes Schwert, und Schild und Helm lagen neben ihm auf dem Boden.

Artus lächelte und zog vorsichtshalber sein eigenes Schwert aus der Scheide. Er trug keine strahlende Rüstung, denn er wollte nicht, dass man ihn erkannte. Leise bewegte er sich auf den Ritter zu, und als er nur noch wenige Schritte von ihm entfernt war, öffnete dieser die Augen und sagte: »Wenn Ihr Streit sucht, habt Ihr in mir den Richtigen gefunden.«

Er stand auf und Artus sah, dass er sehr groß und kräftig war. Zudem ließ sein Alter auf eine große Erfahrung aus zahlreichen Schlachten schließen.

»Wie darf ich Euch nennen?«, fragte Artus.

»Man nennt mich Sir Pelles«, erwiderte der Mann.

»Und ich bin der Ritter des Wilden Waldes und auf der Suche nach Abenteuern«, sagte Artus und nannte also den Namen seiner Ziehfamilie.

»Dann lasst uns mit dem Abenteuer beginnen«, sagte Sir Pelles angriffslustig.

Artus griff sein Schwert fester – es war das, das er aus dem Stein gezogen hatte – und die beiden gingen aufeinander zu.

Zuerst umkreisen sie einander in gespannter Erwartung, wie die Planeten die Sonne umkreisen. Doch dann begannen sie, mit Schlägen auf Schild, Brustpanzer und Helm einander ihre Kraft spüren zu lassen, und der Wald wurde erfüllt vom ewigen Klang des Krieges.

Zunächst gelang es Artus, seinen Gegner in Bedrängnis zu bringen, und eine Weile schien es so, als könnte er seine Jugend zum Vorteil nutzen, dann aber fiel Sir Pelles' kampferprobte Kraft stärker ins Gewicht und er gewann die Oberhand. Hart und unerbittlich rangen sie miteinander, bis schließlich Sir Pelles ein kraftvoller Schlag gelang, dessen Gewalt Artus' Schwert in tausend Stücke zerbersten ließ.

Mit erbitterter Miene baute Sir Pelles sich über Artus auf, doch in diesem Moment hob Merlin, der das Treiben bislang aus dem Schatten des Waldes verfolgt hatte, gebieterisch eine Hand und murmelte zwei Worte, die dem Ritter Einhalt geboten.

Da stand Sir Pelles, mit geöffnetem Mund und weit aufgerissenen Augen, von einem Augenblick auf den nächsten vollkommen unbeweglich und durch den Bann des Zauberers wie versteinert.

Zornig wandte Artus sich an seinen Beschützer.

»Merlin, das war unritterlich und ehrlos!«

»Aber es hat dir das Leben gerettet. Oder meinst du, du hättest das Recht, dein Leben einfach fortzuwerfen?«, erwiderte der Zauberer. »Du vergisst, dass du der König bist, und kein leichtsinniger fahrender Ritter.«

Betreten senkte Artus den Blick. Dann zeigte er auf den erstarrten Ritter.

»Du hast ihn doch nicht getötet?«

»In einer Stunde wird er wieder erwachen«, antwortete Merlin, »und sein Abenteuer ist ihm nicht genommen. Auch wenn er sich zweifellos wundern wird, warum er mit gezogenem Schwert auf dieser Lichtung steht und weit und breit keinen Gegner findet.«

Artus betrachtete die Splitter seiner zerbrochenen Klinge.

»Ich habe kein Schwert mehr«, sagte er.

»Darüber mach dir keine Sorgen«, sagte Merlin. »Es gibt ein besseres Schwert für dich. Eines, das schon vor langer Zeit für dich geschmiedet wurde.«

Der König und der Zauberer begaben sich auf den Weg zu einem Tal. Dort fanden sie einen stillen, schwarzen See, auf dessen Oberfläche sich die Wolken widerspiegelten, die am Himmel vorüberzogen.

Bei seinem Anblick blieb Merlin stehen und schaute lang auf das Wasser. Artus meinte zu sehen, wie er seine Lippen bewegte, doch konnte er nicht verstehen, was der Zauberer sagte.

Nach einer Weile begann Artus, ungeduldig zu werden, doch da bemerkte er, dass das dunkle Wasser in Bewegung geriet und sich in der Mitte des Sees ein Arm erhob. In der weißen Hand befand sich ein großes Schwert, das leuchtend wie ein Juwel im Sonnenlicht erstrahlte.

»Merlin, was geschieht hier?«, fragte Artus seinen Begleiter.

»Dort siehst du dein Schwert«, entgegnete Merlin. »Sein Name ist *Excalibur*, was so viel bedeutet wie *Harter Stahl*. Mit seiner Hilfe bist du unbesiegbar.«

»Aber wie soll ich zu ihm gelangen?«, fragte Artus, der seinen Blick nicht mehr von dieser mächtigen Waffe abwenden konnte.

»Du solltest das Boot dort nehmen«, antwortete Merlin und deutete auf eine Barke, von der Artus schwören konnte, sie sei vor einigen Augenblicken noch nicht dort gewesen.

Artus stieg hinein und bemerkte, dass es weder Segel noch Ruder bedurfte – ganz von allein brachte es ihn zur Mitte des Sees und beendete seine Fahrt direkt neben der Hand mit dem Schwert. Artus schaute ins Wasser, doch in seinen finsteren Tiefen war nichts zu erkennen. Zögerlich streckte er seinen Arm aus, um nach dem Schwert zu greifen. Da ließ die weiße Hand es los und verschwand im nächsten Moment ohne das leiseste Geräusch im Wasser.

Als das Boot ihn wieder ans Ufer brachte, drückte Artus das Schwert an seine Brust. Er stieg an Land und betrachtete die Waffe genauer. Das Futteral, in dem es steckte, bestand aus rotem Leder und war mit goldenen Zeichen bestickt – schon für sich betrachtet war es ein Wunderwerk! In seinem Griff spürte er eine so starke Kraft, dass seine Hand davon erzitterte und nicht eher Ruhe gab, bis er das Schwert aus dem Futteral zog. Hell wie ein Sonnenstrahl flammte seine Klinge auf, und Artus meinte, es würde in seiner Hand in Brand geraten.

»Was für eine Klinge!«, rief Artus wie verzaubert von ihrem Anblick.

»Das Feuer des Mittelpunkts der Erde ist darin eingeschlossen«, erklärte Merlin. »Aus dem Herzen der Erde wurde sein Erz gewonnen, und geschmiedet wurde es von Schmieden des Elfenvolks. Auf der ganzen Welt wirst du keine Waffe finden, die ihm gleicht.«

Während der Zauberer sprach, bemerkte Artus am Uferweg eine Dame, die auf die beiden zukam, groß und leuchtend wie ein goldenes Standbild.

»Erweise dich als dieser Waffe würdig«, sprach sie und war im nächsten Moment auch schon wieder verschwunden, ohne dass Artus hätte sagen können, wohin.

»Die Dame, die du soeben gesehen hast«, sagte Merlin, »war Argante, die man auch die Dame vom See nennt. Sie hat das Schwert vor langer Zeit schmieden lassen. Von Beginn an war es bestimmt für einen, der noch kommen würde – für dich, Artus.«

Mehr sagte Merlin nicht über sie, so sehr der König ihn auch bat. Als sie sich auf den Rückweg nach Camelot begaben, fragte der Zauberer: »Was erscheint dir wertvoller: das Schwert oder das Futteral?«

»Was für eine Frage!«, erwiderte Artus ohne zu zögern. »Das Schwert natürlich.«

»Bist du dir so sicher?«, fragte Merlin. »Es stimmt, dass es die mächtigste Waffe ist, die jemals geschaffen wurde. Und dennoch ist das Futteral noch wertvoller, denn wer es trägt, ist unverwundbar. Behüte es also gut.«

So also kam Artus zu seinem Schwert Excalibur. Und wie Merlin gesagt hatte, wurde er in keiner Schlacht besiegt, solange er es trug. Später aber wurde es von Morgan Le Fay gestohlen, und bis heute weiß niemand, wohin es gelangt ist.

Und Sir Pelles? Als der Bannfluch vorüber war, konnte er sich wieder bewegen, wie Merlin es Artus gesagt hatte. Bald darauf kam er nach Camelot, um Artus seine Dienste anzubieten. Und merkwürdig – sein neuer Lehensherr erschien ihm bekannt, doch weder er noch Artus verloren auch nur ein einziges Wort darüber. Sir Pelles erwies sich als mutiger und starker Vasall und wurde zu einem der bedeutendsten Ritter der Tafelrunde.

Fabelhafte Wesen

In jener Zeit durchstreiften viele geheimnisvolle Wesen das Reich Albion. Tief im Goldenen Wald hausten grüne Waldwesen und Zwerge, die geheime Wege kannten, von denen niemand sonst wusste. Zwischen den Hügeln und Felsen trieben sich noch weitaus merkwürdigere Kreaturen herum.

Von Riesen

Über lange Zeit stellte eine riesenhafte Katze eine große Gefahr für das Reich dar, bis Sir Kay sie erschlug. In den westlichen und nördlichen Wäldern lebten darüber hinaus zahlreiche gefährliche Riesen. König Artus selbst traf auf einen von ihnen am St. Michael's Mount. Seit Monaten hatte das Ungetüm die Gegend dort in Atem gehalten. Der Riese raubte Schafe und Kühe und machte auch vor Menschen nicht Halt, die er einfing, um sie erbarmungslos zu braten und zu verspeisen. Einen ganzen Tag lang kämpfte Artus mit ihm, ehe es ihm gelang, ihn mit einem kraftvollen Schwerthieb niederzustrecken.

Von Tristan und dem Drachen

Viele Ritter erlangten dadurch Ruhm, dass sie einen Drachen erschlugen. Sir Tristan, einer der ruhmreichsten Ritter der Tafelrunde, trug von einem solchen Kampf eine Wunde davon, die nicht heilen wollte. Nur die Heilkünste der schönen Isolde konnten ihn retten. Aber sie kamen ihn teuer zu stehen, denn er verliebte sich unsterblich in sie, obwohl sie seinem Onkel, König Marke von Cornwall versprochen war.

Von den schwarzen Rittern

Sir Gareth, der auch den Namen Beaumains trägt, war einer der ersten Ritter der Tafelrunde. Während eines Spaziergangs an einem See traf er auf einen mächtigen, finsteren Krieger. Erst als er sich mit ihm duellierte, bemerkte er, mit was für einer eigenartigen Kreatur er es zu tun hatte: Schwert, Pferd und Ritter waren ein einziges Wesen, aus dem schwarzes Blut heraustroff, als Sir Gareth wütend darauf einschlug. Als sein Widersacher nach langem Kampf erschlagen vor ihm lag, zeigte sich, dass er eher Fisch als Tier oder Mensch war.

Und auch ein anderes Mitglied der Tafelrunde bekam es mit schwarzen Rittern zu tun. Sir Lancelot, der von der Dame vom See aufgezogen wurde, suchte die Kapelle der Gefahren auf, um etwas über seinen wahren Ursprung zu erfahren. Vor der Kapelle erwarteten ihn dreißig riesige, schwarz gekleidete Krieger mit grimmigen Blicken und gezogenen Schwertern. Als er sie erschlug, fielen die Rüstungen zu Boden und waren leer.

Von dem Mächtigen Eber

Eine der größten Aufgaben für die Ritter der Tafelrunde bestand in der Jagd nach einem riesigen Eber, der durch das Land streunte und alles verwüstete, was auf seinem Weg lag. Im zehnten Jahr seiner Herrschaft verfolgten Artus und seine Gefolgschaft ihn durch das gesamte Reich, bis schließlich Cavall, der treue Hund des Königs, ihn stellte. Artus, Sir Kay und Sir Bedivere stießen ihre Speere in seinen borstigen Körper und bereiteten so seinem Treiben ein Ende.

Von der Bellenden Bestie

Das schlimmste unter all den finsteren und furchtbaren Fabelwesen des Landes war die Bellende Bestie, die auch den Namen Glatisant trug. Ihre Herkunft war ebenso merkwürdig wie ihr Aussehen. Sie verbreitete Angst und Schrecken im Reich, wo immer sie auch auftauchte. Und auch wenn alle Ritter der Tafelrunde sie jagten, war nur einer dazu bestimmt, sie zu besiegen.

Wie König Artus die Bellende Bestie traf

Eines Tages befand sich Artus auf der Jagd im Goldenen Wald. Er lauschte dem Rascheln der Blätter im Wind und irgendwann hatte er die anderen Ritter verloren und war allein. Nach einer Weile erreichte er eine Lichtung mit einer Quelle.

Der König stieg von seinem Pferd, und nachdem er von dem Quellwasser getrunken hatte, legte er sich in den Schatten der Bäume, um auszuruhen. Bald darauf schlief er ein, doch plötzlich wurde er von einem lauten Gebell geweckt. Er hielt es für das Bellen der Jagdhunde und setzte sich auf. Da sah er nahe der Quelle das eigenartigste Wesen, dem er je begegnet war. Das Fell war das eines Leoparden, Kopf und Schwanz die einer Schlange, die Beine die eines Löwen und die Hufe glichen denen eines Hirsches. Noch merkwürdiger aber war das grauenhafte Bellen, das es fortwährend von sich gab. Nur wenn es trank, wurde es leiser.

Artus verhielt sich ganz still und beobachtete es. Nachdem das Tier ausgiebig getrunken hatte, schleppte es sich schwerfällig in den Wald zurück und ließ wieder sein eigenartiges Bellen vernehmen. Gerade war die schreckliche Kreatur hinter den Bäumen verschwunden, da kam ein stattlicher Ritter auf die Lichtung geritten. Als er den König sah, bat er ihn um sein Pferd, da sein eigenes von der langen Jagd erschöpft war.

»Nenne mir zuerst deinen Namen und sage mir, was dich so rasend durch den Wald jagen lässt«, forderte Artus ihn auf.

»Was meinen Namen betrifft, ich bin König Pellinore«, erwiderte dieser. »Für weitere Erklärungen habe ich keine Zeit. Nur so viel, meine Aufgabe ist es, die Bellende Bestie zu verfolgen.«

König Artus überließ ihm sein Pferd, allerdings nur unter der Bedingung, dass König Pellinore in einem Monat nach Camelot kommen und von seiner Suche erzählen würde.

König Pellinore versprach es und sprengte dem Ungeheuer in rasendem Tempo hinterher, immer den zerbrochenen Ästen und zertrampelten Büschen folgend, die dieses auf seiner Flucht zurückließ.
Artus setzte sich auf einen Stein und fragte sich, welche Richtung er einschlagen müsste, um nach Camelot zurückzugelangen. Da trat aus dem Wald ein Junge auf ihn zu, der sich verneigte und fragte, ob ihm auf seinem Weg ein eigenartiges Tier begegnet wäre.
»Was weißt du von dieser Bestie?«, fragte der König.
»Alles und noch mehr weiß ich darüber«, antwortete der Junge.
»Unsinn«, sagte Artus. »Was kannst du in deinem Alter schon von ihm wissen? Fort mit dir.«
Der Junge gehorchte und war schon bald darauf im Wald verschwunden. Kurze Zeit später erschien ein weißbärtiger Alter mit weisem Blick. Auch er trat auf Artus zu und fragte ihn, ob er die Bestie gesehen habe.
»Das habe ich«, sagte Artus. »Was könnt Ihr mir von ihr erzählen?«
»Ebenso viel wie der Junge, der hier vorbeigekommen sein muss«, antwortete der Alte. Bei diesen Worten erkannte Artus, dass es Merlin war, der vor ihm stand. Er schämte sich, da ihm klar wurde, dass sich auch hinter dem Jungen kein anderer als sein treuer Berater verborgen hatte.
»Achte in Zukunft darauf, dass du dich nicht von Äußerlichkeiten beeinflussen lässt«, sagte der Zauberer streng, obwohl er dabei lächelte. Dann erzählte er Artus alles über die Bellende Bestie, dass ihr Name Glatisant sei und sie schon von Beginn der Zeiten an das Land in Atem gehalten habe.

»Niemand kann sagen, woher sie kommt«, sagte Merlin. »Nicht einmal ich weiß mehr von ihr als das. Viele Männer haben versucht, sie einzufangen und zu töten, doch keinem gelang es bisher. Nur einem Mann ist es vorherbestimmt, sie zu bezwingen, doch der ist noch nicht geboren. Bis dahin ist es die Aufgabe König Pellinores, sie zu verfolgen, des Mannes, den du vorhin gesehen hast.«

Es sollte noch einige Zeit vergehen, ehe Pellinore den Weg nach Camelot finden würde, und als er schließlich doch kam, trat er mit gesenktem Kopf vor den König. Er hatte die Spur der Bestie auf den irreführenden Wegen des Goldenen Waldes verloren und fürchtete, sie befände sich bereits wieder in weiter Ferne. Artus bat ihn, eine Zeit lang in Camelot zu bleiben und sich der Tafelrunde anzuschließen.

»Wir brauchen mutige Ritter«, sagte der König, »und wenn die Bellende Bestie wieder in dieser Gegend auftaucht, könnt Ihr uns Eure Dienste anbieten.«

Pellinore willigte gern ein und war von nun an und für lange Zeit ein treuer Diener König Artus'. Immer wieder kam die Zeit, da er sich auf die Suche nach der Bellenden Bestie begab, wenn auch jedes Mal ohne Erfolg.

Später begab es sich, dass Sir Gawain und seine Brüder Agravain und Gaheris Pellinore erschlugen, denn sie beschuldigten ihn, ihren Vater in Artus' Schlacht gegen die elf Könige getötet zu haben.

Danach ruhte die Jagd auf die Bellende Bestie für eine Weile, auch wenn immer wieder Nachrichten von ihr aus dem Norden des Reiches nach Camelot gelangten.

Eines Tages kam ein junger Ritter namens Palomides an den Königshof. Trotz seiner Jugend war er bereits ein ruhmreicher Ritter. Seine Haut war schwarz wie die Nacht, denn seit Vater war ein Sarazene und seine Mutter eine Irin.

Er reiste allein und in Trauer, denn ebenso wie Sir Tristan liebte er die schöne Isolde. Die wiederum war mit König Marke verheiratet, und das sorgte für großes Leid, denn König Markes Eifersucht war so ungeheuerlich, dass er Tristan erschlug. Isolde selbst, die Sir Tristan ebenfalls geliebt hatte, starb bald darauf vor Kummer.

Auch Palomides war nahe daran, vor Kummer zu sterben, da traf er im Goldenen Wald an einer Quelle auf ein furchterregendes Wesen. Als es das Maul öffnete, gab es ein Geräusch von sich, das klang wie viele bellende Hunde. Verwundert blieb er stehen, um es zu beobachten, als ein alter Mann zu ihm trat und ihm sagte, dies sei die Bellende Bestie und es sei seine Aufgabe, sie zu jagen und zu töten.

»Das ist das Abenteuer, für das du bestimmt bist«, sagte der Greis. »Vor dir war es Sir Pellinores Aufgabe, doch nun ist er tot und du bist sein Nachfolger.« Darauf verschwand der Greis, als wäre er nie da gewesen.

Von diesem Tag an verfolgte Palomides die Bellende Bestie und verlieh seinem Leben somit wieder den Sinn, den es mit Isoldes Tod verloren hatte. Tag um Tag, Jahr um Jahr verfolgte er sie und wurde immer älter und schwächer. Wann immer er meinte, jetzt sei der Moment gekommen, gelang der Bestie wieder die Flucht. Am Tage folgte die Kreatur dem Lauf der Sonne und bei Nacht irrte sie ziellos umher. Nur zweimal am Tag machte sie Halt, um aus einer Quelle oder einem Fluss zu trinken.

Eines Tages brach Palomides' Pferd vor Erschöpfung tot unter ihm zusammen. Zu Fuß ging er weiter, bis er eine Quelle erreichte, die am Fuße eines Berges entsprang. Dort fand er die Bellende Bestie beim Trinken und erkannte, dass es nur einen Weg gab, der zu der Quelle führte und die Bestie also nicht entkommen konnte. Da zog er sein Schwert und stach es dem Ungeheuer in die Brust. Doch als es tot zu Boden sank, lag dort auf dem Boden nicht der Leib der schrecklichen Kreatur, sondern der einer wunderschönen Frau, umgeben von zwölf weißen Hunden, die erwachten und gleich darauf im Wald verschwanden. Dann geschah ein noch größeres Wunder. Die Frau erwachte ebenfalls und sah Palomides an. Und als er ihren Blick erwiderte, heilte die alte Wunde, die sein Herz seit dem Tod Isoldes trug, und er fiel auf die Knie und bat die schöne Frau, seine Gemahlin zu werden.

Sie willigte ein, denn seit langer Zeit war es vorherbestimmt, dass derjenige, der die Bellende Bestie besiegen könnte, sie heiraten würde. Gemeinsam ritten sie nach Camelot und Palomides berichtete König Artus alles, was sich ereignet hatte. Der König freute sich sehr darüber, dass die Jagd letztlich doch noch ein Ende gefunden hatte. Er ließ die Geschichte auf ein Pergament schreiben und dieses in einer Schatulle auf das Grabmahl König Pellinores legen.

Palomides heiratete die Frau und die beiden führten ein langes und glückliches Leben miteinander. Er wurde zu einem der ruhmreichsten Ritter der Tafelrunde. Und über das Geheimnis der Bellenden Bestie gibt es nichts weiter zu berichten.

Camelot und die Ritter der Tafelrunde

Zu Beginn seiner Zeit als König bat Artus Merlin, ihm ein Schloss und eine Stadt zu bauen, die ein immerwährendes Zeichen des vereinigten Reiches von Albion sein sollten. Der Zauberer benötigte neun Tage und Nächte und all seine Kräfte, um dieser Herausforderung gerecht zu werden. Um Schloss und Stadt zu errichten, brauchte er Berge von Holz aus dem Goldenen Wald und Marmor, der aus den Tälern der Blauen Hügel herausgeschlagen wurde. Darüber hinaus schmückte er das Schloss mit Bildteppichen, die aus dem Licht erloschener Sterne und Erinnerungen aus dem bronzenen, silbernen und goldenen Zeitalter gewebt waren.

Vom Großen Festsaal

Eine der Besonderheiten des großen Festsaals waren seine zweiundzwanzig Fenster. Das Licht, das durch sie hindurchfiel, malte magische Muster auf den Boden des Saales, deren Entschlüsselung Antworten auf viele geheimnisvolle Fragen gab. An den Wänden ließ Merlin Statuen der elf Könige aufstellen, die Artus besiegt hatte, bevor er sich als König von ganz Albion bezeichnen konnte. Auf der runden Tafel, die Artus von König Leodegranz geschenkt bekommen hatte, befanden sich ebenfalls reiche Verzierungen. Dort waren Sternbilder vergangener Zeiten zu sehen, die schon während Artus' Herrschaft nicht mehr am Himmel standen. Hier kamen die Ritter der Tafelrunde regelmäßig zusammen und erzählten sich von ihren Abenteuern und den unterschiedlichsten Begegnungen mit Wesen aus der Alten Welt. Sie sprachen auch viel von alten, überlieferten Weisheiten und davon, wie man den Frieden im Reich erhalten könnte. Und nicht zuletzt wurden hier prachtvolle Feste gefeiert, zu denen man Gäste von nah und fern einlud. Nicht selten geschah es, dass Fremde unter ihnen waren, die König Artus und der Tafelrunde von neuen Abenteuern erzählten, die die Ritter in die Ferne lockten. Der große Festsaal auf Camelot war das Herz des Reiches, und solange dies so war, wurde dem Land viel Ehre zuteil.

Von der Tafelrunde

Um den großen Tisch herum stellte Merlin hundertundfünfzig Stühle auf, auf denen mit goldenen Buchstaben die Namen von Rittern geschrieben standen. Als Camelot errichtet wurde, waren noch gar nicht alle von ihnen geboren, doch als die Zeit gekommen und jeder Platz besetzt war, versammelten sich hier viele der ruhmreichsten Ritter, deren Namen niemals in Vergessenheit geraten werden.
Unter ihnen waren Lancelot vom See, den Artus von allen am meisten schätzte; Gawain von Orkney, Sir Bedivere, der Hüter der Tafelrunde; Gareth der Goldhaarige, der auch Beaumains genannt wurde, und der aus großer Entfernung mit Pfeil und Bogen das Gelenk eines Vogelbeins traf; Sir Kay, der aus sieben Meilen Entfernung hören könnte, wenn eine Fliege ihre Flügel aneinanderrieb, und Culhwch, der Schweinehüter, der dem Mächtigen Eber einige seiner goldenen Haare vom Rücken scheren konnte. All diese und noch einige mehr, deren ruhmreiche Abenteuer bis ans Ende der Zeiten in aller Munde sein werden, waren an der Tafelrunde versammelt.

Von Camelot und seinen Schätzen

Unterhalb des Schlosses befanden sich Höhlen und Gänge, in denen Merlin sein Buch über den Zauberwald Brocéliande und weitere Prophezeiungen schrieb und wo er sich in die Mysterien vergangener Zeiten versenkte, von denen er später Artus und seinen Gefolgsmännern berichtete. Hier hatte er, ehe die Zeit für König Artus gekommen war, die dreizehn Schätze Albions verborgen, unter ihnen das Horn, in das niemals geblasen werden durfte, das Schwert, das nicht gezogen werden konnte, das Schachspiel, das von allein spielte, und der scharlachfarbene Tarnumhang des Königs, der an allen vier Ecken mit goldenen Äpfeln bestickt war.
Nach Artus' Tod zerstörte König Marke von Cornwall die runde Tafel und ließ Camelot niederreißen. Der Wind streifte durch die Ruinen, und die Mauern des glanzvollen Schlosses kehrten zu den Elementen zurück, aus denen sie geschaffen worden waren, bis zuletzt keine Spur von Merlins größtem Werk übrig blieb. Allein die dreizehn Schätze blieben in den geheimnisvollen Höhlen unter der Erde verborgen, und bis auf den heutigen Tag wurden sie von keinem Menschen gefunden.

Die Jagd nach dem Weißen Hirsch

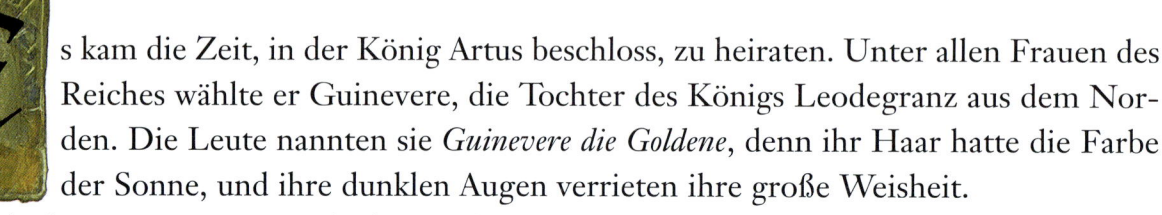

Es kam die Zeit, in der König Artus beschloss, zu heiraten. Unter allen Frauen des Reiches wählte er Guinevere, die Tochter des Königs Leodegranz aus dem Norden. Die Leute nannten sie *Guinevere die Goldene*, denn ihr Haar hatte die Farbe der Sonne, und ihre dunklen Augen verrieten ihre große Weisheit.

Im Rausch des Monats Mai wurde die prachtvolle und pompöse Hochzeit gefeiert. Beim anschließenden Mahl in Camelots Festsaal zögerte Artus, mit dem Essen zu beginnen, denn er hatte gehört, dass etwas Besonderes geschehen würde. Merlin lächelte ihm vielsagend zu und sagte: »Gedulde dich noch eine Weile, dann wird deine Neugierde befriedigt werden.«

Artus folgte seinem Rat und die gesamte versammelte Festgemeinde tat es ihm gleich.

Sie mussten nicht lange warten. Vor den Türen erhob sich plötzlich ein lautes Getöse und im nächsten Moment stürmte ein weißer Hirsch in den Saal, gefolgt von einer schlanken, weißen Bracke. Dreimal jagte der Hund den Hirsch um die Festtafel, ehe es ihm gelang, in eines seiner Hinterbeine zu beißen. Der Hirsch stürzte taumelnd zu Boden und riss dabei einen Ritter an der Tafel um. Dann lief er wieder zur Tür hinaus.

Dieser Ritter war Sir Allardin von den Inseln. Mit rotem Gesicht sprang er auf und schnappte sich den weißen Hund, ehe dieser seine Jagd auf den Hirsch fortsetzen konnte. Dann verließ auch er den Saal.

Doch damit nicht genug. Im nächsten Augenblick erschien eine stattliche Dame vor der Tafelrunde und stieß einen erschütternden Schrei aus. Sie forderte von Artus, dass er einen seiner Ritter aussende, um den Hund zurückzubringen, denn er gehöre ihr. Während sie dies vortrug, kam ein unbekannter Ritter in den Festsaal galoppiert. Als er das Zaumzeug der Dame erkannte, griff er danach, machte gleich wieder kehrt und riss das Pferd mitsamt seiner Reiterin mit sich.

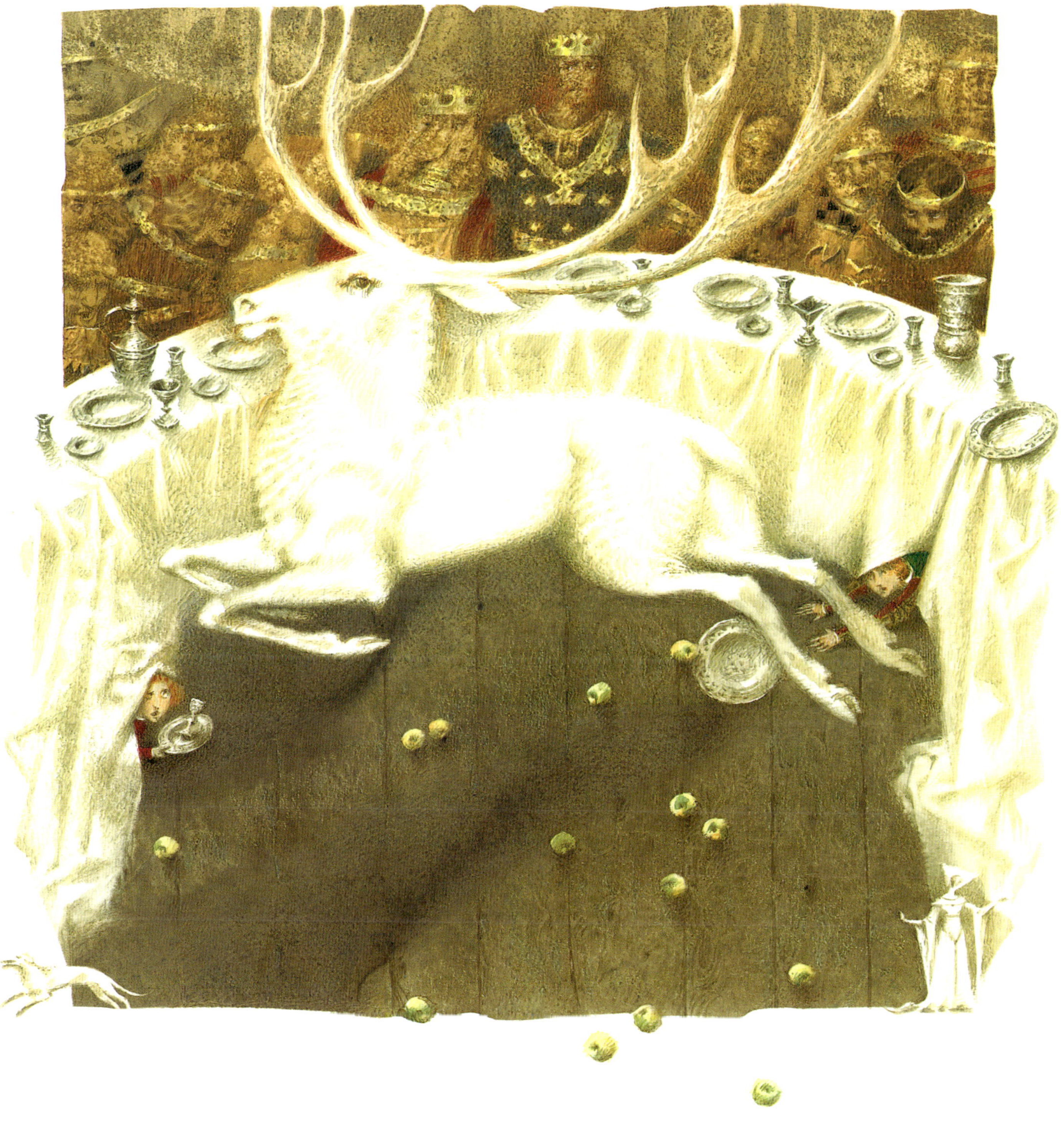

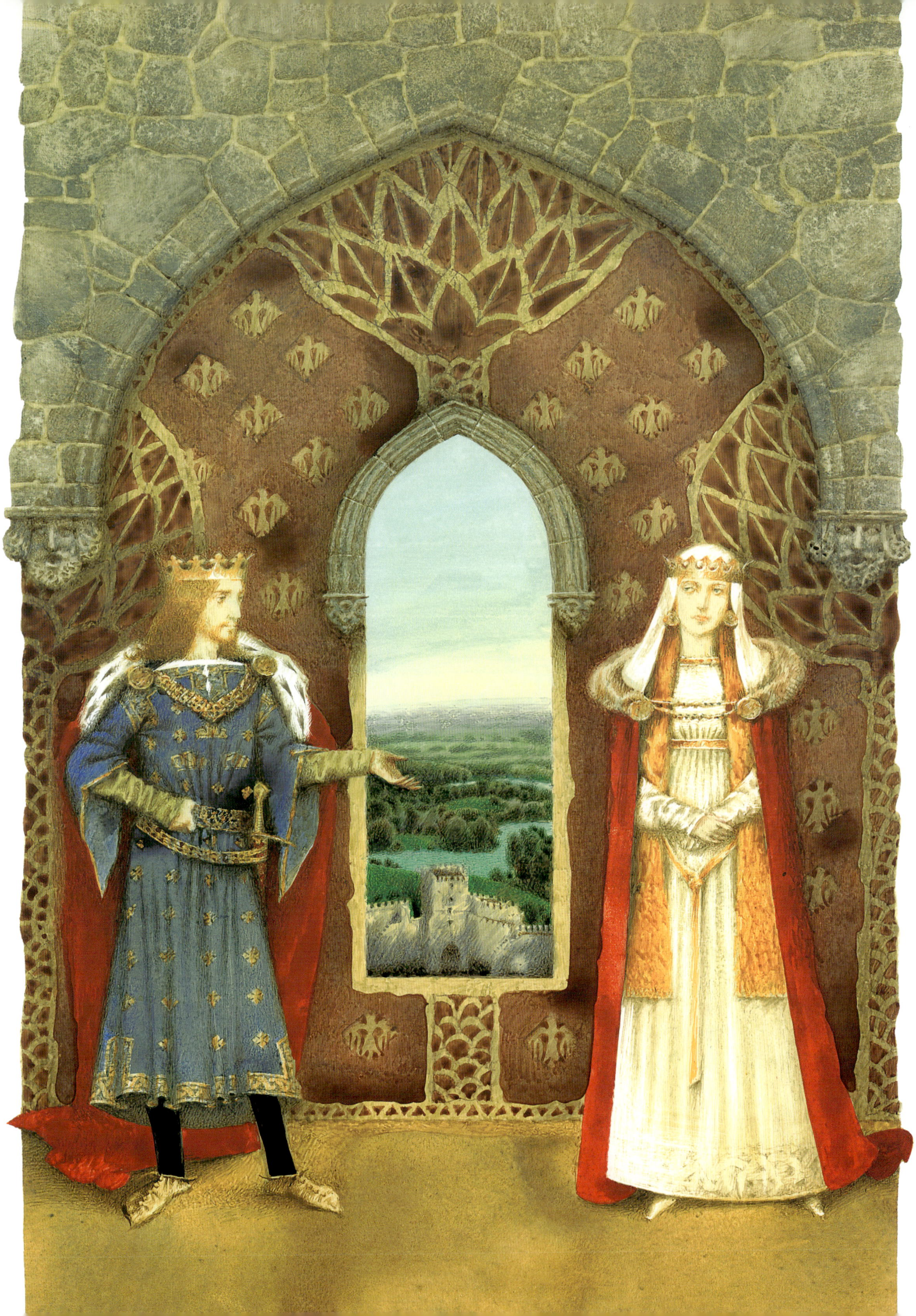

Als sich alles wieder beruhigt hatte, konnte Artus nicht anders, als über diese eigenartigen Geschehnisse zu schmunzeln. Aber Merlin wies ihn zurecht.

»Du solltest all das nicht zu leicht nehmen: Es handelt sich um die erste Aufgabe deiner Tafelrunde. Ich empfehle dir, drei deiner besten Ritter auszusenden. Einem erteilst du den Auftrag, den Weißen Hirsch zurückzubringen, der zweite möge sich um die Bracke kümmern und der dritte die entführte Dame befreien.«

Also ließ Artus drei Ritter rufen: seinen Neffen Sir Gawain, den man auch den Falken des Mai nannte, den jungen Sir Tor, Sohn eines Kuhhirten, und König Pellinore, der gerade erst von seiner Jagd nach der Bellenden Bestie zurückgekehrt war. Sir Gawain sollte den Hirsch einfangen, Sir Tor den Hund und König Pellinore bekam den Auftrag, die Dame zu befreien. Ohne zu zögern brachen die drei Männer auf, jeder in eine andere Richtung.

Gawain nahm drei Jagdhunde mit, die schon bald die Spur des Weißen Hirsches aufgenommen hatten und ihm nacheilten, bis sie ihn nach stundenlanger Jagd stellten und im Hof eines Schlosses in eine Ecke trieben. Gawains Hunde rissen den Hirsch, und darauf schnitt Gawain ihm den vorderen rechten Huf ab, um dem König beweisen zu können, dass er seinen Auftrag ausgeführt habe.

Er hatte sein Schwert gerade wieder eingesteckt, da erschien der Schlossherr im Hof und beschimpfte Gawain, seinen Hirsch getötet zu haben. Voller Zorn zog er sein Schwert und tötete alle drei Hunde. Gawain liebte seine Tiere sehr und warf sich wütend auf den Schlossherrn. Schwerter klirrten, Funken flogen. Gawain war der bessere Kämpfer und schon bald lag sein Gegner auf dem Boden und bettelte um sein Leben. Doch Gawains Zorn war so groß, dass er zum letzten Schlag ausholte.

In diesem Augenblick kam eine Dame in den Hof gelaufen und warf sich schützend auf den Körper des geschlagenen Schlossherrn. Doch es war zu spät! Gawains Schwert sauste nieder – und voller Entsetzen musste er zusehen, wie der Kopf der Dame zu Boden fiel. In seiner Raserei hatte er sie getötet!

Als der Schlossherr dies sah, schrie er auf und bat Gawain, nun auch ihn zu töten.

»Ich habe sie mehr als alles auf der Welt geliebt«, sagte er, »ohne sie hat mein Leben keinen Sinn mehr.«

Bekümmert steckte Gawain sein Schwert ins Futteral. »Sir«, sagte er bestürzt, »ich habe schon genug Unheil für einen Tag angerichtet.« Dann trug er dem Mann auf, nach Camelot zu reiten und dem König alles zu berichten, was vorgefallen war.

Ermattet sank Gawain zu Boden und fiel in einen schweren, unruhigen Schlaf. Als er am nächsten Morgen mit betrübtem Herzen erwachte, begab er sich zurück auf den Weg nach Camelot. Dort überreichte er König Artus zunächst den Huf des Hirsches und erwartete dann sein Urteil.

Zum ersten Mal mussten König Artus und Königin Guinevere über einen Ritter zu Gericht sitzen, und sie entschieden, dass Gawain zwar unbedacht aber doch ohne böse Absicht gehandelt hatte. Also ließen sie ihn unbestraft, doch sie nahmen ihm den Eid ab, dass er von nun an, wo immer er auch sei, die Frauen beschützen würde. Gawain schwor es, und seit diesem Tag kannte man ihn als Gawain, den Diener der Frauen. So endete der erste Teil dieses Abenteuers.

Sir Tor verfolgte den Hund und eilte ihm schnell wie der Wind nach. Als er einige Meilen von Camelot entfernt war, erschien plötzlich ein buckliger Zwerg vor ihm, der Sir Tors Pferd mit einem Knüppel so heftig auf das Maul schlug, dass es sich aufbäumte und fast seinen Reiter abgeworfen hätte.

»Warum hast du das getan?«, fragte Sir Tor.

»Um Euch aufzuhalten«, knurrte der Zwerg.

»Das hast du erreicht«, erwiderte Sir Tor. »Aber wozu?«

»Damit Ihr gegen den Roten Ritter kämpft, der dort drüben wartet.«

»Ich bin im Auftrag von König Artus unterwegs«, sagte der Ritter, »und werde mich nicht von solch einem Unsinn aufhalten lassen.«

»Und ich sage Euch, Ihr werdet dennoch mit ihm kämpfen«, sagte der Zwerg, und in diesem Moment erschien ein Ritter in roter Rüstung am Waldrand und ritt in gestrecktem Galopp und mit erhobener Lanze auf Sir Tor zu.

Es waren zwei geschickte Kämpfer, die hier aneinandergeraten waren, und beide konnten ebenso gut austeilen wie einstecken. Doch zuletzt lag der Rote Ritter verwundet zu Sir Tors Füßen.

»Reite nach Camelot und bring König Artus meinen Gruß«, sagte Tor. »Sagt ihm, der Ritter, der die Bracke jagt, schicke Euch.«

Das versprach der Ritter, und Sir Tor wollte seine Jagd nach dem Hund fortsetzen. Da trat der Zwerg wieder vor ihn und sagte: »Sir, ich weiß, wonach Ihr sucht – und auch, wo Ihr es findet. Aber als Gegenleistung verlange ich von Euch, dass Ihr mich zu Eurem Diener macht.«

»Einverstanden«, erwiderte Tor und ließ sich von seinem neuen Diener den Weg zeigen. Bald erreichten sie eine große Wiese, auf der zwei prächtige Zelte standen.

»Dort«, sagte der Zwerg nur und zeigte in ihre Richtung.

Sir Tor zog sein Schwert und ging zu dem ersten der beiden Zelte. Als er es öffnete, sah er darin drei junge Mädchen mit lilienweißer Haut, die tief und fest schliefen. Im zweiten Zelt fand er eine wunderschöne Dame, die ebenfalls schlief, und zu ihren Füßen ruhte die weiße Bracke. Sobald der Hund Sir Tor sah, begann er wild zu bellen und weckte damit sowohl die Dame als auch ihre Jungfern auf.

Sir Tor packte den Hund und gab ihn dem Zwerg, der auf ihn aufpassen sollte.

»Wollt Ihr mir meinen Hund stehlen?«, fragte die Dame Sir Tor verärgert.

»Das will ich«, antwortete Sir Tor, »denn so lautet der Auftrag meines Königs.«

»Ihr werdet ihn nicht lange behalten, das verspreche ich Euch«, sagte die Dame. Doch Sir Tor kümmerte sich nicht um ihre Worte, ließ den Hund am Sattel des Zwergs festbinden und ritt weiter.

Sie waren noch nicht weit gekommen, da vernahmen sie die Hufe eines Pferdes und wurden bald darauf von einem kräftigen Ritter auf einem Ross mit wild funkelnden Augen überholt. Es war Sir Allardin von den Inseln.

»Gebt mir den Hund meiner Herrin zurück, oder Ihr werdet einen hohen Preis zahlen!«, rief Sir Allardin. »Ich werde weder das eine noch das andere tun«, erwiderte Sir Tor. Zu allem entschlossen brachten sie ihre Lanzen in Stellung, ritten aufeinander los und versahen sich gegenseitig mit harten Stößen. Und wieder ging Sir Tor als Sieger hervor, denn nicht einmal Sir Allardin vermochte ihn zu bezwingen.

Doch als Sir Tor sich über den Besiegten beugte, kam eines der jungen Mädchen und rief: »Sir! Ich bitte Euch in König Artus' Namen um einen Gefallen. Tötet diesen Ritter. Er hat meinen Bruder erschlagen und als Genugtuung bitte ich um seinen Tod.«

Sir Allardin fürchtete um sein Leben und begann um Gnade zu betteln.

»Was soll ich tun?«, fragte Sir Tor. »Zur rechten Zeit habt Ihr es versäumt, um Euer Leben zu flehen. Nun, da diese Dame im Namen des Königs Euren Tod fordert, kann ich es ihr nicht abschlagen.«

Der Ritter versuchte, auf die Füße zu kommen und zu fliehen, da traf ihn Sir Tors Schwert und schlug ihm den Kopf ab.

So geschah es, dass bald nach Gawains Rückkehr auch Sir Tor mit der weißen Bracke nach Camelot zurückkehrte und König Artus von seinen Taten berichtete. Dieser lobte ihn für die erfolgreiche Jagd, nicht aber für den Tod Sir Allardins, denn es schien ihm, als sei er zu vermeiden gewesen.

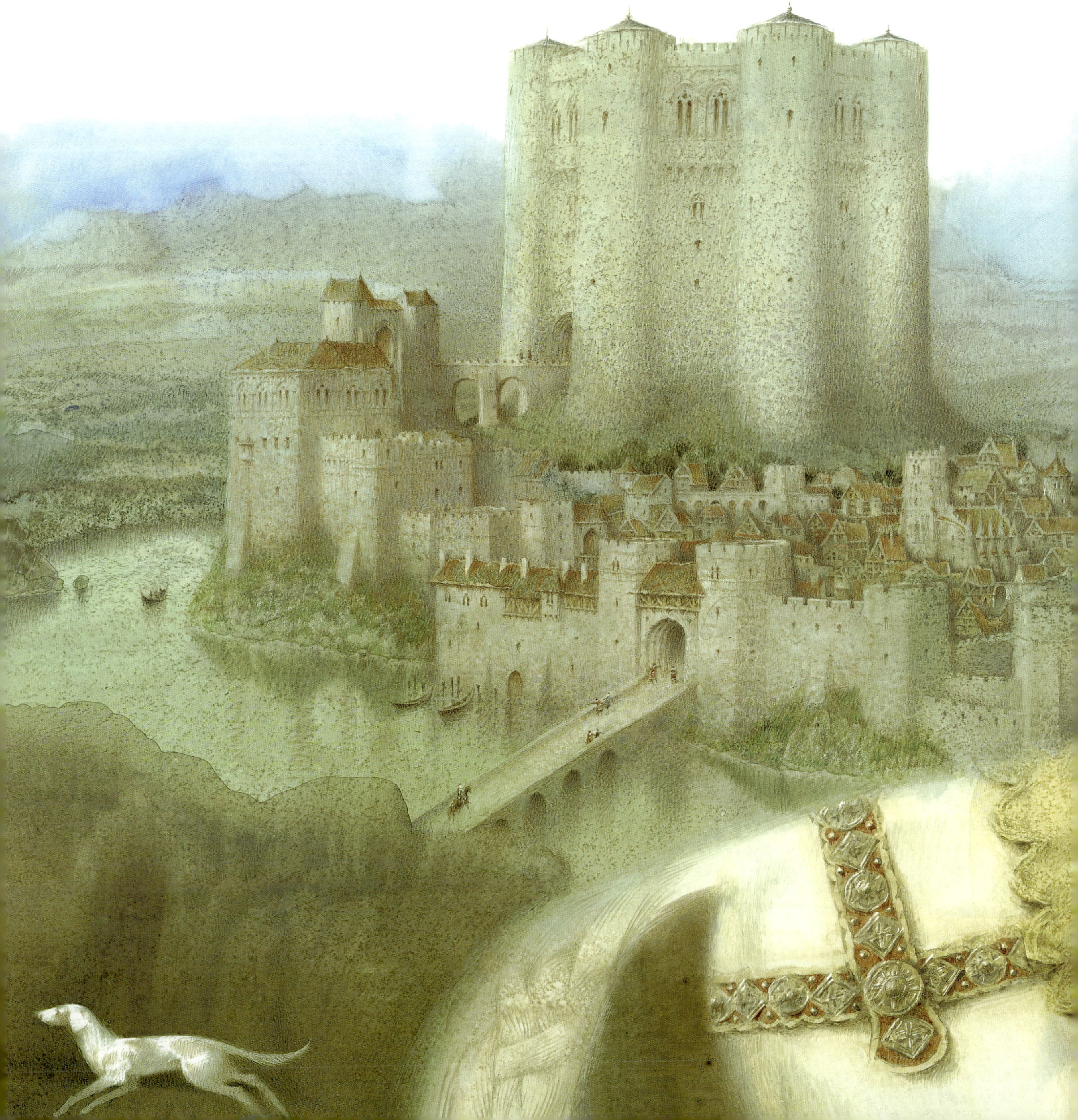

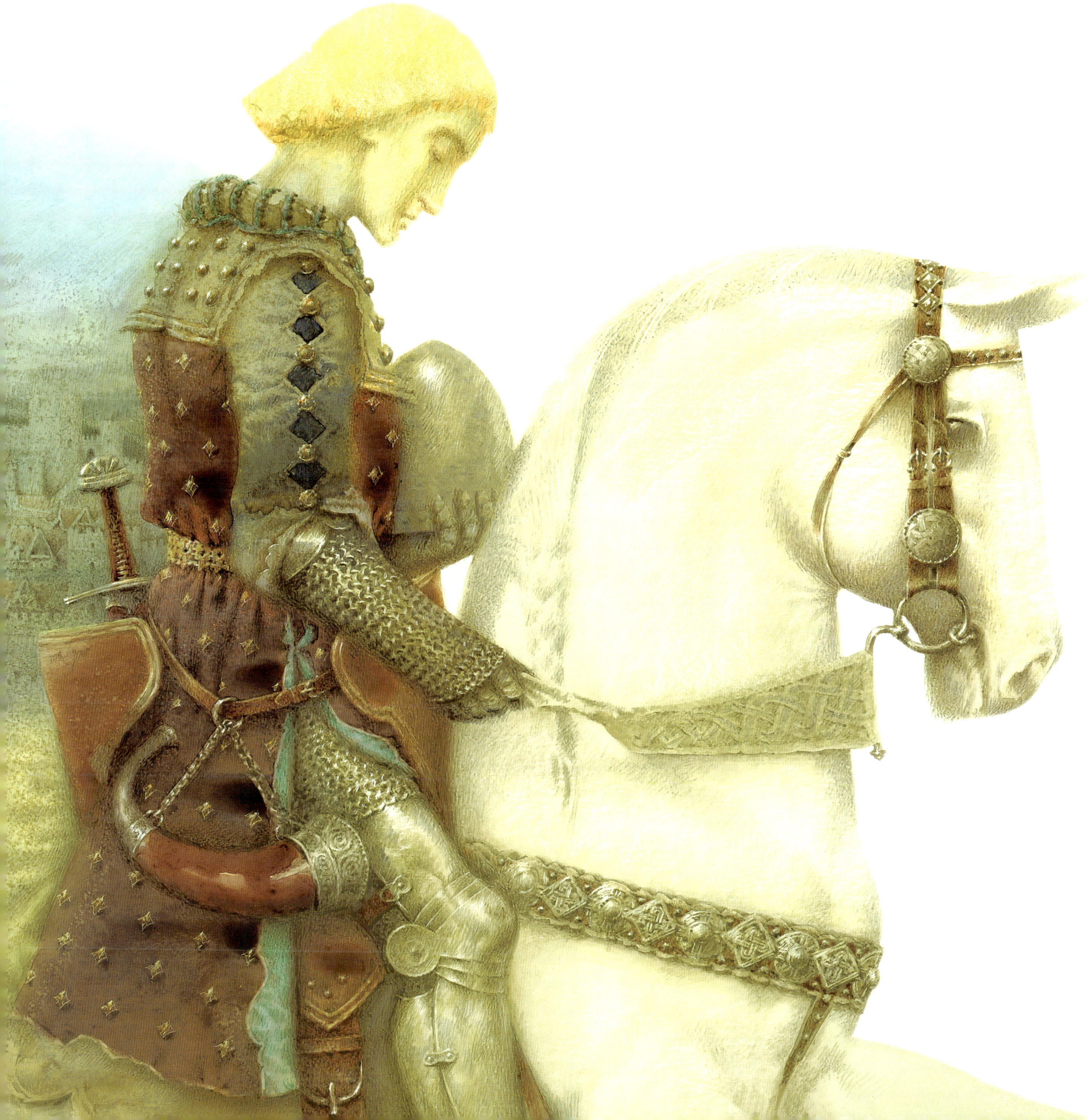

Nun bleibt uns noch, von den Abenteuern König Pellinores zu berichten, den Artus ausgesandt hatte, um die Dame aus der Gewalt des unbekannten Ritters zu befreien – und Pellinores Tatendrang war so groß, dass er schwor, nichts und niemand werde ihn von seiner Aufgabe abhalten.

Als er an eine Kreuzung kam, entdeckte er eine junge Dame, die den Leichnam eines Ritters in den Armen hielt. Und obwohl sie vor Trauer weinte und schluchzte, beachtete er sie nicht und ritt vorüber.

Bald darauf hörte er das Aufeinanderkrachen zweier Lanzen und erreichte ein großes Feld, auf dem zwei Ritter in einer Tjost gegeneinander anrannten. Und nicht weit von ihnen erblickte er in Begleitung zweier Dienerinnen eben die Dame, nach der er auf der Suche war. König Pellinore ritt zu ihr und sagte: »Meine Dame, begleitet mich zum Hofe unseres Königs Artus.«

»Das werde ich gern tun«, sagte die Dame, die sich Nimue nannte. »Aber diese beiden Ritter werden etwas dagegen haben. Der mit dem roten Umhang ist mein Cousin Sir Melliot und der andere ist Sir Bliamor, der mich gegen meinen Willen aus dem Schloss des Königs entführte.«

König Pellinore wandte sich an die beiden Ritter und gebot ihrem Kampf Einhalt. Sofort ließen sie voneinander ab, doch gleich darauf hob Sir Bliamor seine Lanze erneut und galoppierte in rasendem Tempo auf Pellinore zu.

Die beiden Ritter waren einander ebenbürtig, doch Bliamor war von seinem Kampf mit Sir Melliot so erschöpft, dass es Pellinore gelang, ihn mit einem gut gezielten Stoß aus dem Sattel zu befördern.

Als Sir Melliot dies sah und nun seinerseits König Pellinore herausfordern wollte, rief Nimue, dass dieser von König Artus' Hof komme und ihr kein Leid zufügen wolle.

Die beiden Männer ließen ihre Lanzen sinken und auf Nimues Wunsch ritten sie zu einer nahe gelegenen Abtei, um Melliots Wunden zu versorgen.

Am nächsten Morgen brachen sie nach Camelot auf und kamen wieder zu der Wegkreuzung, an der Pellinore der Dame mit dem toten Ritter in den Armen begegnet war. Nun fanden sie beide am Boden liegend, als würden sie schlafen. In der Nacht war die Dame aus Kummer über den Tod des Ritters gestorben.

König Pellinore war sehr bedrückt, als er dies sah, denn er sagte sich, er hätte das Leben dieser Frau retten können, wenn er nicht achtlos weitergeritten wäre. Das Einzige, was er jetzt noch für sie tun konnte, war, die beiden Leichname in die Abtei zu bringen und ein Grabmahl für sie errichten zu lassen, in dem sie nebeneinander ruhen könnten. Auch bat er die Äbte, Messen für sie lesen zu lassen, und bezahlte sie dafür.

König Pellinore, Lady Nimue und Sir Melliot setzten ihren Weg fort, bis sie die goldenen Türme Camelots in der Abendsonne glänzen sahen, und wurden wenig später von König Artus und seinem Gefolge freudig begrüßt.

König Pellinore berichtete, was ihm widerfahren war, und verschwieg dabei auch seinen Kummer über das Geschick der Dame mit dem toten Ritter nicht. Da stand Merlin auf und ergriff das Wort.

»Sir Pellinore, die Dame, der Ihr die Hilfe versagt habt, war Eure eigene Tochter, die Ihr seit vielen Jahren nicht gesehen habt, da Ihr Euch auf der Jagd nach der Bellenden Bestie befandet.«

König Pellinore vergoss darüber bittere Tränen; es war der schwerste Schlag, den ihm das Schicksal versetzen konnte. Doch Merlin versuchte ihn zu trösten und sagte: »Ich verstehe Euren Schmerz, und dennoch ist es der Gang der Welt, dass solche Ereignisse in ein Gleichgewicht gebracht werden. Der Ritter, den Eure Tochter in den Armen hielt, war der Mann, den sie über alles in der Welt liebte. Sie wäre seine Frau geworden, wenn Sir Bliamor ihn nicht erschlagen hätte – eben jener Ritter, den Ihr bezwungen habt, um Lady Nimue zu retten. Ihr seht also, dass die Gerechtigkeit ihren Lauf genommen hat, auch wenn sie in diesem Fall mit großem Leid verbunden ist.«

Und so endete die Jagd nach dem Weißen Hirsch.

Merlin der Weise

Niemand weiß, wann Merlin geboren wurde. Einige behaupten, er sei in der Verborgenheit des Goldenen Waldes zur Welt gekommen und er habe seine Weisheit dadurch erlangt, dass er dem Flüstern der Bäume gelauscht habe. Andere sagen, dass er seine Weisheit einem alten Eremiten namens Blaise verdanke, den er in regelmäßigen Abständen aufgesucht habe, um von ihm zu lernen und ihm Bericht zu erstatten, was in Albion vorgehe. Aber etwas Genaues kann niemand sagen.

Von Merlins magischen Kräften

Merlin verfügte über außergewöhnliche Fähigkeiten. Häufig suchte er die Elfengebirge auf, um die dort lebenden Weisen zu besuchen. Von ihnen lernte er vieles über die Bahnen, die die Sterne am Himmel zogen, und erfuhr die ursprünglichen Namen von Pflanzen, Steinen und Tieren, sodass er sich an sie wenden konnte, wenn er Rat suchte. Als Artus in seinen frühen Zeiten als König beinahe die Schlacht gegen die elf Könige verloren hätte, die ihm die Herrschaft streitig machen wollten, wandte sich Merlin an den Wald Bedegrayne. Er erweckte seine Bäume zum Leben und ließ sie wie ein Heer von Soldaten gegen die Feinde des Königs marschieren.

Ein anderes Mal ließ er die Felsen eines großen Steinkreises aus dem nebligen Reich Eriu so leicht werden, dass sie über den schmalen Meerstreifen an die Küste Albions schwammen und nach Stonehenge in der Ebene von Sarum im Süden des Reiches gelangten, wo sie bis ans Ende der Zeiten stehen werden.

Von Merlin und Albion

Albion selbst nannte man vormals *Merlins Insel* – vielleicht deshalb, weil der Zauberer es war, der einen Schutzring um die Insel legte. Dies tat er, um die finsteren Mächte fernzuhalten, die die reiche, grüne Insel betreten wollten, auf der sich das Mondlicht im Abendtau spiegelte und die Vögel so wunderbar sangen, dass die Sonne hervorkam, um ihnen zuzuhören.

Von Merlins Prophezeiungen

Man wusste um Merlins zahlreiche Fähigkeiten. Zum einen kannte man ihn als Propheten, der in den Sternen die Zukunft sehen konnte. So sagte er das Kommen König Artus' voraus und wusste auch, wann der Heilige Gral in Camelot erscheinen würde. Als er noch ein Junge war, erklärte er dem tyrannischen König Vortigern, warum eine Festung, die dieser erbauen wollte, nicht stehen blieb. Niemand außer Merlin erkannte, dass sich in dem hohlen Berg, auf dem die Burg errichtet werden sollte, zwei Drachen, ein roter und ein weißer, jeden Tag aufs Neue so erbittert bekämpften, dass die Erde davon erzitterte.

Von Merlins letzten Tagen

Von Merlins Ende ist ebenso wenig bekannt wie von seinem Erscheinen. Viele sagen, er habe sich in Nimue verliebt, die von König Pellinore befreit wurde und eine der neun Damen vom See war. Sie soll einen Fluch über Merlin gesprochen haben, der ihn für immer an einen geheimen und verzauberten Ort bannte. Andere dagegen meinen, dass er irgendwann der Torheiten der Menschen überdrüssig geworden und in den Goldnen Wald zurückgekehrt sei, wo er ein Haus aus Glas mit siebzig Türen und Fenstern erbaut habe. Dort halte er sich noch heute auf und beobachte die Sterne – in Erwartung der Rückkehr von König Artus.

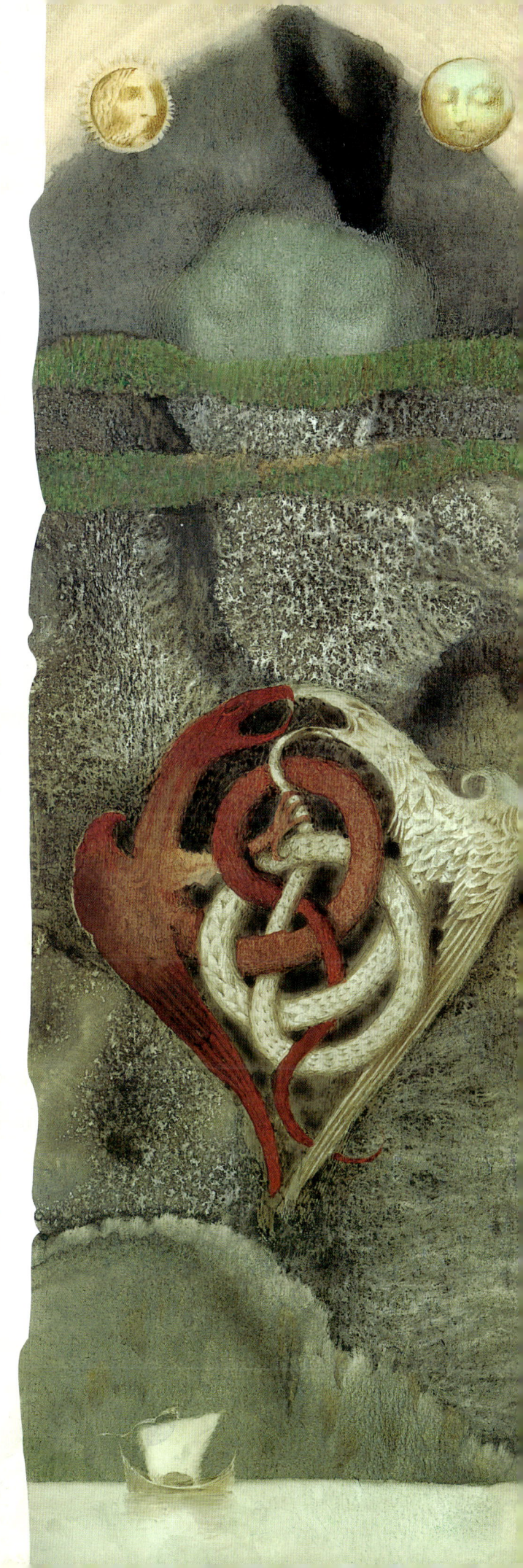

Die Geschichte von Merlin und Avenable

An einem Feiertag hatten sich die Ritter der Tafelrunde zu einem Festmahl versammelt, zu dessen Gelingen jeder mit der Erzählung eines Abenteuers beitragen sollte. Sir Kay und Sir Bedivere tauschten ratlose Blicke, hatten sie doch beide nichts Außergewöhnliches erlebt, womit sie die anderen Ritter unterhalten könnten. Bedivere sah hinüber zu Merlin, der wie gewohnt zur Rechten des Königs saß.

»Merlin«, sprach er ihn an, »habt Ihr uns nicht eine interessante Geschichte zu erzählen? Ich bin sicher, dass Euch mehr unglaubliche Dinge begegnet sind als sonst einem von uns.«

Der Zauberer legte die Stirn in Falten und trommelte mit den Fingern auf der Lehne seines Stuhles.

»Ich könnte Euch schon etwas erzählen«, sagte er, »aber das, woran ich denke, ist lange vor der Zeit dieser Bruderschaft geschehen und noch dazu in einem fernen Land.«

»Lass es uns dennoch hören«, sagte Artus und richtete sich gespannt in seinem Sessel auf.

»Nun«, begann Merlin, »es geschah, als ich vor vielen Jahren nach Rom reiste. Dort erfuhr ich, dass der Kaiser von einem merkwürdigen Traum geplagt wurde, der ihn immer wieder heimsuchte und ihn jede Nacht schweißgebadet erwachen ließ.«

»Wovon träumte er denn?«, wollte Artus wissen.

»Er sah ein großes Schwein, dass von zwölf wilden Ebern durch die Stadt gehetzt wurde. Da er ein Kaiser war, sah er den Traum natürlich als ein Zeichen an, aber in seinem ganzen Reich fand sich niemand, der ihm hätte sagen können, ob er etwas Gutes oder etwas Schlechtes bedeutete. Natürlich wusste ich, was der Traum ihm sagen wollte, aber nichts lag mir ferner, als den Kaiser aufzusuchen und es ihm zu verraten. Vielmehr hatte ich einen anderen Plan, in dem es darum ging, ein geschehenes Unrecht wiedergutzumachen.«

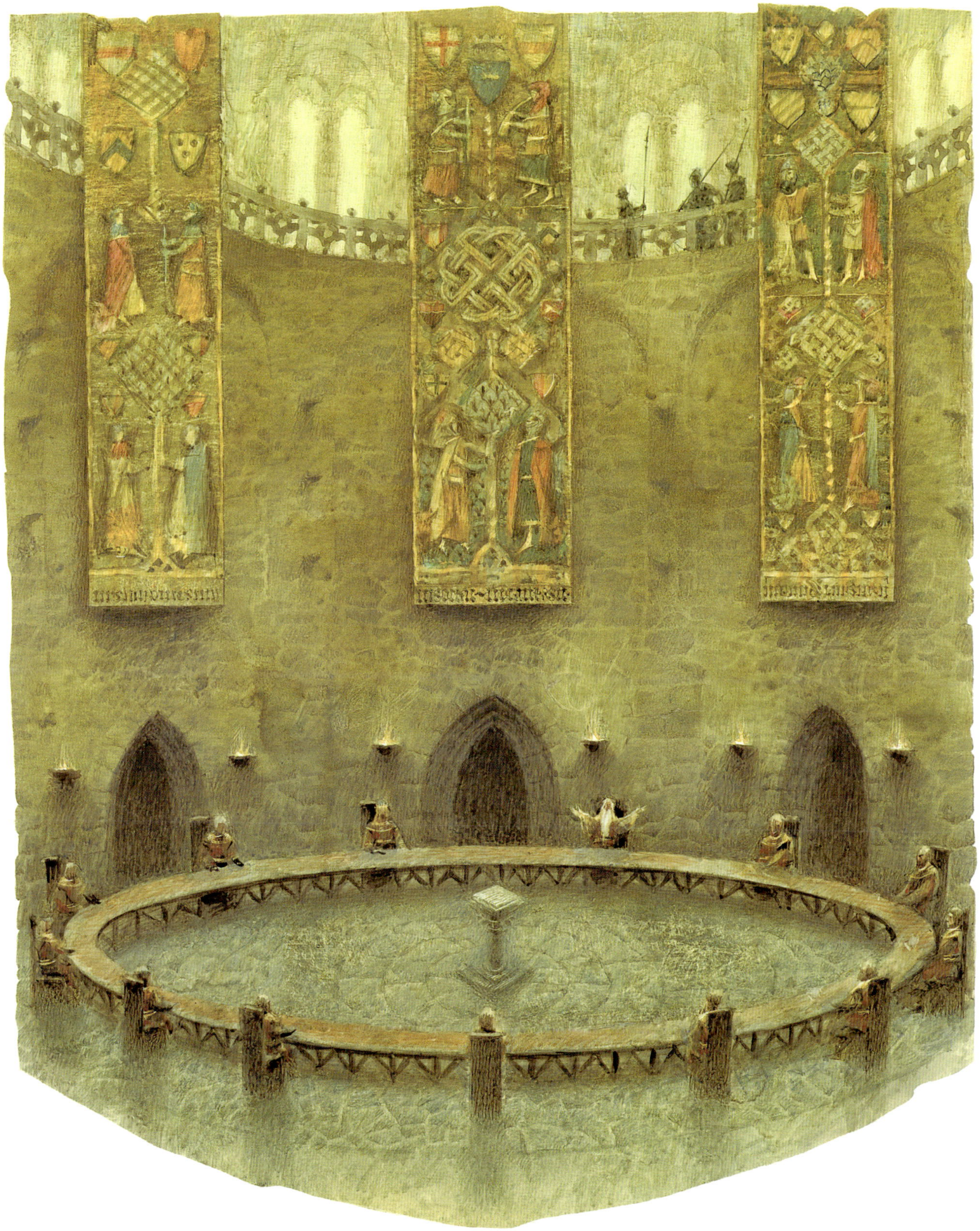

»Hatte dieses Unrecht etwas mit dem Kaiser zu tun?«, fragte Kay.

»In gewisser Weise«, erwiderte Merlin. »Ein römischer Konsul war für eine Straftat verbannt worden, die er nicht begangen hatte. Avenable, die Tochter dieses Konsuls, war alles andere als zufrieden damit, weit entfernt von Rom und noch dazu in einem Haus leben zu müssen, das nur halb so groß war wie das, in dem sie aufgewachsen war. Also entschied sie zu fliehen und, getarnt als junger Mann, den Dienst als Wächter bei niemand Geringerem als dem Kaiser selbst anzutreten. Dadurch erbot sich mir eine gute Gelegenheit, zwei Dinge gleichzeitig anzugehen: den Kaiser über die Bedeutung seines Traums zu unterrichten und das Unrecht, das dem Konsul widerfahren war, rückgängig zu machen.

Es vergingen einige Wochen, da beschloss der Kaiser, mit seiner Frau und den Bediensteten – zu denen natürlich auch Avenable gehörte, die sich inzwischen Grisandole nannte – ein paar Tage auf einem Landsitz außerhalb der Stadt zu verbringen. Eines Abends, als sich die Familie gerade zum Mahl an die Tafel gesetzt hatte, entstand ein großer Aufruhr, und ein großer Hirsch mit einem mächtigen Geweih und einem weißen Lauf stürmte in den Saal und blieb schnaubend vor der erstaunten Familie stehen. Man sagt, und ich kann garantieren, dass es sich so verhielt, denn ich selbst war der Hirsch – ein kleiner Aufwand an Verwandlungskunst –, dass das Tier sogar sprechen konnte. Es teilte dem Kaiser mit, dass es nicht nur von seinem Traum wisse, sondern sogar den Mann kenne, der ihm seine Bedeutung erklären könne. Es handle sich um den Alten Weisen, der im Wald unweit seines Palastes lebe. Daraufhin verschwand das Tier wieder. Der Alte Weise war natürlich ebenfalls niemand anderes als ich selbst. Aber hätte mir denn irgendjemand Glauben geschenkt, geschweige denn mich zum Kaiser vorgelassen, wenn ich einfach so in seinen Palast spaziert wäre?

Ich hätte mir auch einen anderen, ebenfalls ausreichend spektakulären Plan ausdenken können, um die Aufmerksamkeit auf mich zu lenken, aber damit wäre Grisandoles Problem nicht gelöst worden.

Wie auch immer, der Kaiser setzte in seiner gewohnt ausschweifenden Art eine große Belohnung für denjenigen aus, der ihm den Alten Weisen bringen würde. Sofort strömten alle tapferen Männer, unter ihnen auch Grisandole, in den nahe gelegenen Wald aus, um ihn zu finden. Ohne Erfolg, versteht sich, denn ich bin nicht leicht zu finden, wenn ich nicht gefunden werden will, zumindest nicht von *irgendjemandem*. Also wartete ich, bis die meisten Männer die Suche aufgegeben hatten – nur Grisandole ermunterte ich immer wieder, indem ich sie zum Beispiel die Spitze eines großen Geweihes sehen ließ.

Schließlich begab ich mich zu einer Lichtung, von der ich wusste, dass sie sich dort ausruhte, nahm wieder die Gestalt des Hirsches mit dem weißen Lauf an und sagte ihr, was sie tun müsse, um den Alten Weisen zu finden.

Die junge Grisandole war sehr gefügig und gleich rief sie fünf ihrer Gefährten zusammen, mit denen sie im Wald eine festliche Tafel mit weißem Tischleinen und einer üppigen Mahlzeit bereitete. Dann machte sie ein Feuer und harrte mit ihren Begleitern der Dinge, die da kommen würden.

Der Alte Weise ließ natürlich nicht lang auf sich warten. Zuerst hielt er sich an den köstlichen Speisen schadlos und legte sich dann neben dem Feuer zur Ruhe, um bald darauf wie ein Schwein zu schnarchen. Es war also ein Leichtes, mich zu fesseln und am nächsten Morgen in den Palast des Kaisers zu bringen. Ohne weitere Umstände führte man mich vor ihn und forderte mich auf, ihm den Traum zu deuten. Hört zu, wie das Gespräch zwischen ihm und mir verlief:

Kaiser: Seid Ihr der Alte Weise?
Ich: BÖRPS!!!
Kaiser: Aha. Wisst Ihr, was das Traumbild zu bedeuten hat, das mir immer wieder erscheint?
Ich: CHRRRRR!!!
Kaiser: Der Kerl ist verrückt. Schafft ihn mir aus den Augen!
Ich: Nun, ich bin alles andere als verrückt, Sir. Aber ich werde erst sprechen, wenn Ihr die Kaiserin und alle Eure Edlen hier versammelt habt.
Kaiser (überrascht): Nun gut, wir werden morgen früh alle Vasallen hier zusammenrufen.

Darauf wurde ich abgeführt und gebadet, man gab mir zu essen und ließ mich in einem sauberen, gemütlichen Bett schlafen. Natürlich wich während der ganzen Nacht die Wache nicht von meiner Tür, um mir zu verdeutlichen, dass ein Fluchtversuch sinnlos wäre. Am nächsten Morgen brachte man mich in den festlichen Empfangssaal des Kaisers, und sobald ich seine Frau erblickte, fing ich an zu lachen, warf mich auf den Boden und begann, hin und her zu rollen wie ein Irrer, wofür man mich natürlich auch hielt. Bis ich plötzlich innehielt, aufstand und dem Kaiser in ruhigem Ton sagte: »Sir, ich werde Euch gleich alles erklären. Ich musste wegen Eures Traumes lachen, dessen Bedeutung …«

Hier legte ich eine kleine Pause ein – und ich gebe zu, dass ich damit die Spannung noch etwas erhöhen wollte. Als alle mich erwartungsvoll ansahen, fuhr ich fort und erzählte dem Kaiser, dass seine Gemahlin zwölf Bewunderer habe, die alle unsterblich in sie verliebt seien und sie so oft wie irgend möglich sehen wollten. Als Kaiserin konnte sie dies natürlich nicht zulassen und hatte den zwölf Männern gesagt, sie sollten sich als Kammerfrauen verkleiden. So konnte sie mit ihnen zusammenkommen, wann immer sie wollten, ohne dass jemand davon erführe. Und hierin lag auch die Erklärung des Traumbildes: Die Kaiserin war das Schwein, und die Eber, die ihm nachstellten, waren die zwölf Verehrer.

Ihr könnt Euch vorstellen, was für einen Tumult meine Rede zur Folge hatte. Man ergriff die Kaiserin und ihre Kammerfrauen und fand alles bestätigt, was ich gesagt hatte. Dann verkündete ich dem Kaiser, dass sich noch eine verkleidete Person im Saal befände – Grisandole.

Noch größerer Tumult, noch größere Aufregung. Aber gegen Grisandole bestand kein Vorwurf, ganz im Gegenteil, war sie es doch, die den Alten Weisen für den Kaiser aufgespürt hatte. Abgesehen davon erkannte der Kaiser, dass Avenable – wie wir sie jetzt wieder nennen können – eine überaus anmutige junge Frau war. Und das war ihm gerade recht, denn wenn er erst einmal die Kaiserin für ihren Verrat bestraft hätte, würde er eine neue Gemahlin brauchen. Damit war mein Werk vollbracht, und ehe ich verschwand, hinterließ ich mit geheimnisvollen Feuerzeichen eine verschlüsselte Nachricht auf der Wand, die ein Gelehrter dem Kaiser später enträtseln sollte und in der ich ihm mitteilte, dass ich sowohl der Hirsch als auch der Weise gewesen war. Darüber hinaus wurde Avenables Vater begnadigt und erhielt sein Land zurück, und seine Tochter wurde die neue Kaiserin.

Und wenn Ihr mich fragt«, endete Merlin seine Erzählung, »nahm somit alles ein gutes Ende.«

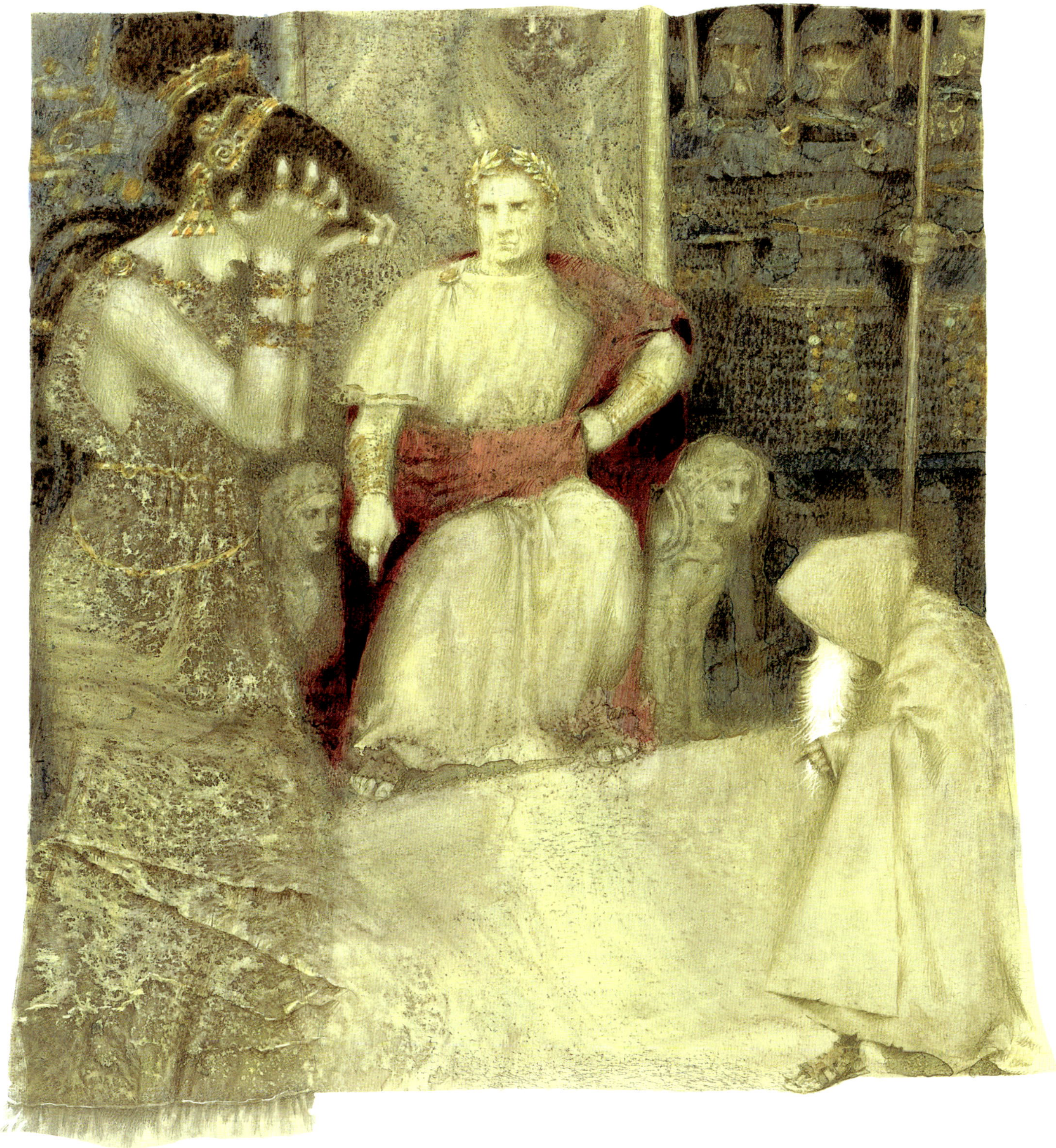

Ritter, Pferde, Waffen und Wappen

Ohne edles Pferd, starke Waffen und eine prächtige Rüstung wäre ein Held kein Held. Die Ritter kümmerten sich um ihre Rüstung und ihre Waffen und hielten ihre Pferde in Ehren. Sie versorgten und pflegten sie ebenso sorgsam, wie sie sich um Frauen und Kinder kümmerten.

Von Artus und seinen Waffen

Der ruhmreichste und mächtigste Ritter unter allen war Artus selbst. Von seinem Schwert *Excalibur*, dessen Anblick allein seine Feinde in Schrecken versetzte, haben wir schon viel erzählt. Sein Kettenhemd trug den Namen *Wygar* und sein Helm mit der Form eines Drachenkopfes war jedem Mann im ganzen Reich bekannt.

Doch Artus besaß noch andere Waffen, die ebenfalls eigene Namen hatten – keltische Namen, die für unsere Ohren fremd klingen: *Carnwennan* nannte er sein weißgeschmiedetes Messer, das so scharf war, dass es den Wind zerschneiden konnte. *Rhongominiad* war der Name seiner Lanze, die jede Rüstung und jeden Schild durchbrach. Von seinem Schild *Wynebgwrthucher* sagen einige, auf seiner Innenseite sei das Bildnis der Weißen Göttin zu sehen gewesen, deren Kraft Artus zur Seite gestanden haben mag, als er gegen die dunklen Mächte kämpfte. Niemals ritt er auf einem anderen Pferd als auf seinem Ross *Lamry*, dessen Mähne und Schweif die Farbe des Rauches hatten und das schneller war als der stärkste Sturm. An seiner Seite befand sich stets Artus' treuer Hund *Cavall*, der einmal so schnell durch das Land Buelt gelaufen sein soll, dass er eine Spur in einem Stein hinterließ, die bis heute zu sehen ist.

Von Sir Lancelot

Sir Lancelots Pferd hieß *Berring* und sein Fell schimmerte in der Farbe des Blutes. Als er gegen Sir Turquine kämpfte, verhielt es sich so geschickt, dass Lancelot auch durch die heftigsten Stöße nicht aus dem Sattel geworfen wurde, und verhalf dem Ritter zum Sieg gegen diesen Herrn der Finsternis. Sein Schwert hieß *Secace*, und Lancelot ließ zahlreiche Krieger und Ritter in der Schlacht und bei Turnieren spüren, wie schmerzhaft die Bekanntschaft mit ihm sein konnte.

Von Sir Gawain

Von Gawain, dem Beschützer der Frauen, der seine Hunde liebte, haben wir schon gehört. Sein Pferd trug den Namen *Gringolet* und sein Schild war mit einem Pentagramm geschmückt, dem fünfzackigen Stern. Es war ein Zeichen seiner Stärke und der Verehrung seiner Frau *Ragnall*, der Weißen Göttin des Frühlings. *Galatine* nannte er sein Schwert, mit dessen Hilfe er zahlreiche Feinde des Königs besiegte.

Von Sir Tristan

Das Pferd, auf dem Tristan gegen den Drachen der St. Sampsons-Insel kämpfte, trug den Namen *Bel Joeur*. Als dieses prachtvolle Tier starb, zog er sich ein anderes heran, dem er den Namen *Passe-Brewel* gab und das ihm ebenso gute Dienste erwies. Mit seinem Hund *Husdent* und dem Bogen *Fail-Not* jagte und erlegte er viele Drachen und andere Kreaturen.

Von Sir Iwein

Sir Iweins Pferd *Carnavlavc* war als eines der drei sogenannten *Gestohlenen Rösser Albions* bekannt, da er es dem Schwarzen König des Dunklen Waldes gestohlen hatte. Der Ritter sagte über dieses großartige Tier, dass es ihm ohne seine Hilfe niemals gelungen wäre, das Abenteuer der Geheimnisvollen Quelle zu bestehen.

Von Sir Galahad

Sir Galahad besaß zwei wunderbare Waffen: das *Schwert mit dem roten Schaft*, das vorher in Sir Balins Besitz war, sowie den *Schild von Evelach*, der diesen Namen seinem erster Besitzer, einem Elfenkönig, verdankte. Diese beiden Waffen verliehen ihm die Fähigkeit, sich unsichtbar zu machen. Doch noch mehr verdankte er es seinem Vertrauen in das Gute, dass er neben Sir Lancelot einer der bedeutendsten Ritter der Tafelrunde wurde.

Die Abenteuer von Sir Lancelot

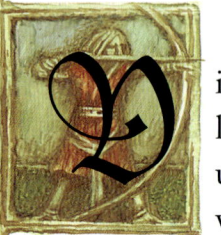

Viele sagen, dass Sir Lancelot von allen Rittern der Tafelrunde der außerordentlichste gewesen sei. Mit seinem Mut und seiner Ritterlichkeit war er derjenige unter ihnen, den Artus am meisten schätzte. Die Umstände, unter denen er heranwuchs, waren ebenso merkwürdig wie verhängnisvoll.

Im Nordwesten Camelots lag das Gebirge *Yr Wydffa*, an dessen Fuß sich der dunkle See erstreckte, aus dem Artus sein Schwert empfing – ein Ort voller Magie.

Ebenfalls am Hang dieses Berges befand sich ein Schloss, das von unergründlichen Mysterien umgeben war. Die Herrin des Schlosses war Argante die Weiße, die mächtigste der neun undurchschaubaren Damen des Sees, von denen gesagt wird, sie hätten über das Schicksal des Reiches und seiner Könige bestimmt.

Hierher wurde Lancelot nach dem Tod seiner Eltern König Ban und Königin Ellen von Benoice gebracht, die im Streit mit einem benachbarten Ritter ums Leben kamen. Das Kind wuchs in diesem verzauberten Reich auf und wurde in den Künsten des Krieges und in der Weisheit der Alten Welt unterrichtet. Und obwohl er ein normaler Sterblicher war und über keine eigenen magischen Kräfte verfügte, zeichnete Lancelot sich doch durch sein geheimnisvolles, unergründliches Wesen aus, das er diesem Ort verdankte.

Als er fünfzehn Jahre alt war, sagte Argante ihm, dass nun die Zeit gekommen sei, in die Welt hinauszuziehen und nach seiner Bestimmung zu suchen.

»Du wirst der größte Ritter ganz Albions werden«, prophezeite sie ihm. »Doch zuvor musst du deine Kraft unter Beweis stellen – zahllose Abenteuer erwarten dich!«

Am nächsten Morgen brach Lancelot auf und folgte einem Pfad, der ihn tief in den Goldenen Wald führte. Als mittags die Sonne heiß auf ihn niederbrannte, wurde er müde. Er legte sich in den Schatten eines Apfelbaums, um ein wenig auszuruhen, und fiel in einen tiefen Schlaf.

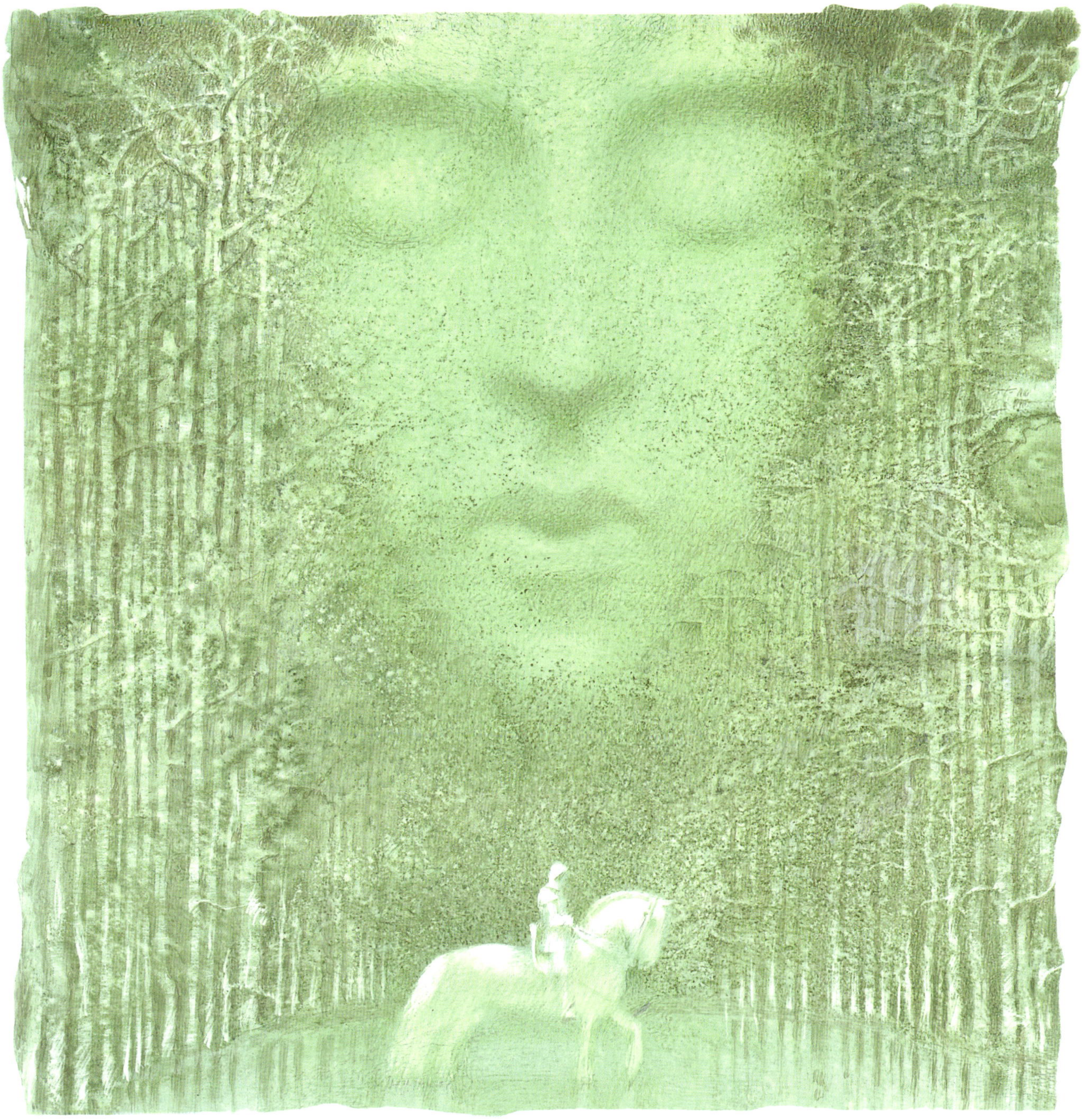

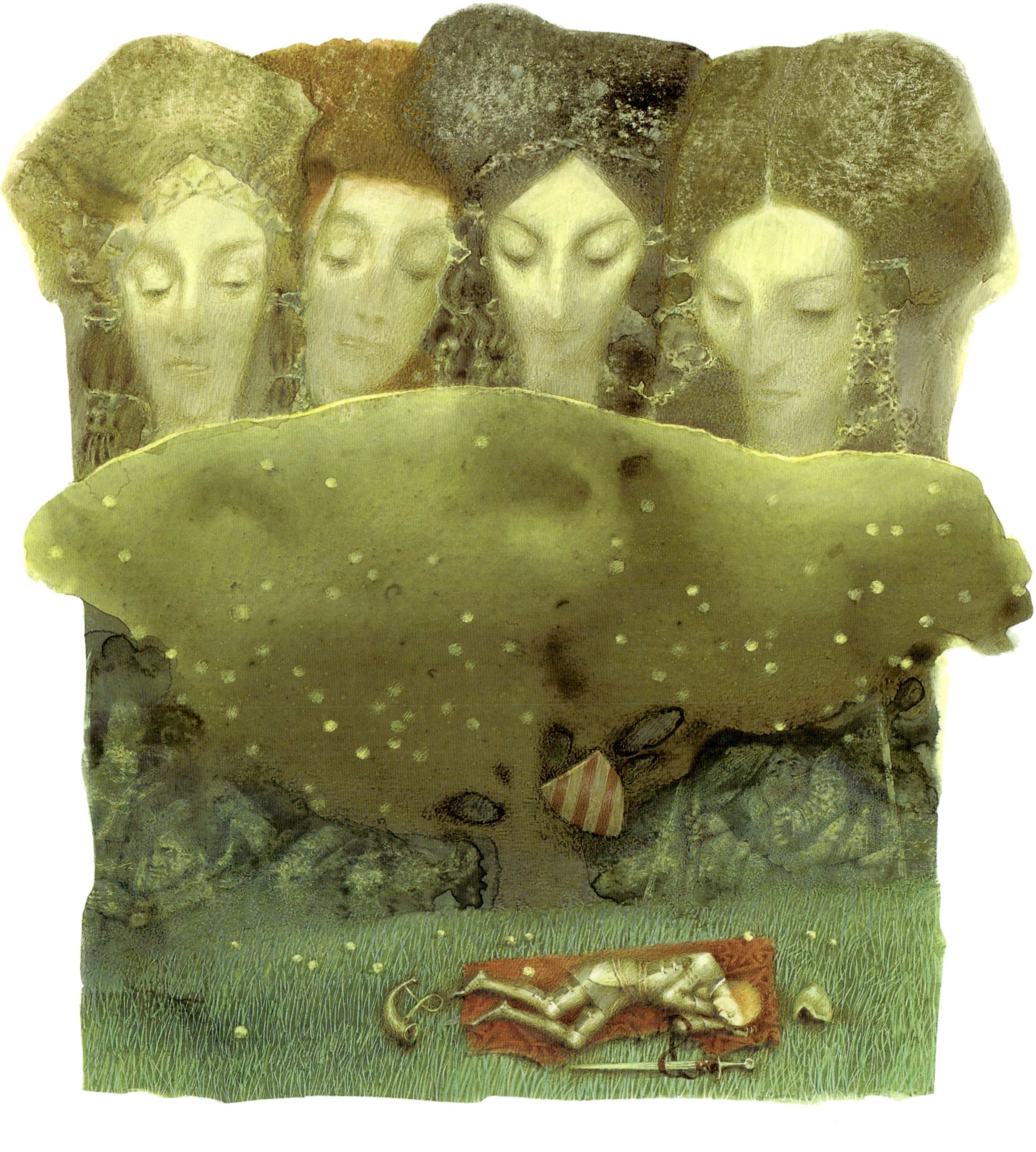

Bald darauf erschienen vier Königinnen auf schneeweißen Mauleseln. Sie wurden von missgestalteten Dienern begleitet, die alles Übel der Welt auf ihren Schultern zu tragen schienen. Sie schützten die Königinnen mit einem seidenen Baldachin vor der Sonne. Als die Königinnen Lancelot unter dem Baum schlafen sahen, fanden sie, sie hätten noch nie einen schöneren jungen Mann gesehen, und sofort entstand ein Streit darüber, welche von ihnen er wohl am meisten lieben würde.
Eine von ihnen war Morgan Le Fay, König Artus' Halbschwester, die über magische Kräfte verfügte.
»Genug geschwatzt, meine Schwestern«, beendete sie den Zwist. »Ich werde ihn mit einem Bann belegen, der ihn sechs Stunden lang schlafen lässt. Lasst ihn uns mitnehmen, dann wird er später genug Zeit haben, sich für eine von uns zu entscheiden.«
Die anderen erklärten sich einverstanden und der Plan wurde ausgeführt.
So erwachte Lancelot also nicht im Schatten des Apfelbaums, sondern angekettet in einem finsteren unterirdischen Verlies.
Die ungeduldigen Königinnen ließen nicht lang auf sich warten. Umgeben von einem hellen, mysteriösen Schimmer, erschienen sie vor ihm und stellten ihre Frage.
»Ihr seid alle wunderschön«, antwortete Lancelot bedacht. »Ich kann keiner von Euch den Vorzug gegenüber den anderen geben.«
»Dann werdet Ihr so lange hier verweilen, bis Ihr Euch entscheiden könnt«, sagten die Königinnen und ließen ihn wieder allein.
Als er am späten Nachmittag aufgewühlt in der Dunkelheit seines Kerkers lag, sprach aus der Finsternis plötzlich eine sanfte Stimme zu ihm.
»Wie geht es Euch, Sir?«
»Nicht gut«, erwiderte er. »Aber wer stellt diese Frage?«

»Mein Name ist Laudine«, bekam er zur Antwort. »Ich bin eine Zofe hier im Schloss. Vielleicht kann ich Euch helfen, wenn Ihr mir als Dank einen Gefallen erweist.«
»Ich werde alles für Euch tun, solange Ihr mich nicht um etwas Unehrenhaftes bittet«, erwiderte Lancelot und bemühte sich verzweifelt, in der Dunkelheit jemanden zu erkennen. Aber es war niemand zu sehen.
Am nächsten Tag besuchten ihn die Königinnen erneut und stellten die Frage, welche von ihnen er am meisten liebte. Ein zweites Mal weigerte er sich, sich für eine zu entscheiden, und ein zweites Mal wurde er allein zurückgelassen.
Bald darauf vernahm er die sanfte Stimme wieder.
»Wie geht es Euch heute, Sir?«
»Nicht gut«, antwortete Lancelot.
Da erschien eine zarte weiße Hand aus dem Schatten und stellte ein Tablett mit Speisen neben ihm auf den Boden.
»Könnt Ihr mir wirklich helfen?«, fragte Lancelot.
»Morgen ist Vollmond, da sind die Königinnen mit ihrer finsteren Magie beschäftigt. Um Mitternacht wird die Tür des Verlieses für eine kurze Weile unverschlossen sein. Ich werde einen Weg finden, Euch von Euren Ketten zu befreien.«
»Und wie kann ich mich bei Euch bedanken?«
»Mein Vater, Sir Bagdemagus, ist ein alter Mann«, sprach Laudine. »In ein paar Tagen muss er gegen einen finsteren Ritter kämpfen, der unser Land stehlen will. Wenn Ihr an seiner Stelle kämpfen wolltet, wäre dies Dank genug.«
»Ich gebe Euch mein Wort«, erwiderte Lancelot.
Wie Laudine es vorhergesagt hatte, blieben die Königinnen am nächsten Tag dem Kerker fern. Laudine brachte dem Gefangenen wie schon zuvor etwas zu essen, und dieses Mal meinte Lancelot, in der Dunkelheit die Umrisse ihres Körpers erkennen zu können.

»Seid bereit, Sir«, flüsterte die Stimme, doch bevor er etwas erwidern konnte, war sie schon wieder verschwunden.

Die Zeit in seinem Verlies verstrich unendlich langsam, doch irgendwann vernahm er Geräusche von aufspringenden Schlössern und sich öffnenden Türen – ein heller Strahl des Mondlichts durchschnitt die Dunkelheit. Als es auf die Ketten fiel, die ihn fesselten, spürte Lancelot, wie sie niederfielen und ihn freiließen.

So schnell er konnte, tastete er sich durch die Dunkelheit, um in die mondbeschienene Freiheit zu gelangen. Als er sich nach einer Weile umsah, entdeckte er anstelle des Schlosses, in dem er eingesperrt war, lediglich einen runden, finsteren Hügel.

Wie aus dem Nichts tauchte mit einem Mal Berring vor ihm auf, sein eigenes Pferd. Und neben ihm stand im silbernen Schein des Mondlichts eine zarte junge Dame mit dunklen Augen und Haar, das aussah wie weiß gesponnenes Gold. Sie lächelte Lancelot an und er hob sie vor sich in den Sattel. Schnell kehrten sie dem Hügel den Rücken und ritten davon, bis sie am frühen Morgen das Schloss des Königs Bagdemagus erreichten.

Der Anblick seiner Tochter erfüllte den König mit Freude, und als er hörte, dass Lancelot gegen den finsteren Ritter kämpfen würde, weinte er vor Glück.

Einige Tage später trat Lancelot gegen den finsteren Ritter an, der sich *Sir Turquine vom Turm der Qualen* nannte. Lancelot ließ sich von König Bagdemagus mit einer Rüstung und Waffen versehen und band sich ein seidenes Tuch um den Arm, das Laudine ihm gegeben hatte.

Die beiden Ritter stürmten mit erhobenen Lanzen galoppierend aufeinander zu, und schon mit dem ersten Streich gelang es Lancelot, seinen Gegner vom Pferd zu stoßen. Daraufhin boten sie sich mit den Schwertern einen harten und erbitterten Kampf, in dem der finstere Ritter sich lange zur Wehr setzen konnte. Doch zuletzt streckte Lancelot ihn mit einem Schlag nieder, der Helm und Kopf seines Widersachers in zwei Teile spaltete.

König Bagdemagus und seine Tochter bedankten sich bei Lancelot und versprachen ihm, immer für ihn da zu sein, wenn er etwas von ihnen brauchen sollte. Laudine sah ihn mit einem Blick an, der mehr als bloßen Dank verriet. Mit leiser Stimme sagte sie ihm, er solle sich auf den Weg zu Sir Turquines Schloss begeben, das ihm nach ritterlichem Recht nun zustehe.

»Geht dorthin, Sir. Ich bin sicher, Ihr werdet an jenem Ort etwas finden, das von großer Bedeutung für Euch ist.«

Also begab sich Lancelot zu jenem Schloss, das man den *Turm der Qualen* nannte, einer mächtigen Festung, errichtet auf einer Felsspitze oberhalb der Küste. Man begrüßte ihn freudig als den Bezwinger des finsteren Sir Turquine, dessen schreckliche Herrschaft dafür gesorgt hatte, dass alle ihn fürchteten und hassten.

Und Laudine sollte recht behalten, denn Lancelot fand auf dem Friedhof des Schlosses ein Grab, auf dem die Namen seiner Eltern standen. Er erfuhr, dass es sich bei dem Schloss um seinen Familiensitz handelte, und dass er mit Sir Turquine den Mörder seiner Eltern erschlagen hatte. So fand Lancelot also sein Zuhause und gab ihm seinen ursprünglichen Namen wieder. Der *Turm der Freude* wurde zu einem Ort des Friedens für all diejenigen, die Hilfe und Beistand suchten.

Kurze Zeit später wurde überall berichtet, dass Albion einen neuen König mit Namen Artus habe, an dessen Hof sich eine edle Bruderschaft, die Tafelrunde, zusammenfand, die die besten Ritter des Landes vereine. Lancelot folgte diesem Ruf und erhielt in der Mittsommernacht von König Artus selbst den Ritterschlag. Auch Bagdemagus und Laudine wohnten der Zeremonie bei, und Laudine machte nun kein Geheimnis mehr daraus, was sie für Lancelot empfand. Doch Lancelot hatte nur Augen für Königin Guinevere.

Von diesem Tag an sollte die Liebe für Guinevere ihn nicht mehr loslassen, und dieses Geheimnis brannte über viele Jahre schmerzhaft in seiner Brust, bis es zuletzt das Ende der Bruderschaft bedeutete. In dieser Zeit wurde Lancelot zum ruhmreichsten Mitglied der Tafelrunde und zum größten Ritter in ganz Albion, gerade so, wie die Dame vom See es vorhergesagt hatte.

Laudine aber hörte nicht auf, Lancelot zu lieben. Vor Enttäuschung und Kummer wurde sie immer schwächer und weigerte sich schließlich, etwas zu essen oder zu trinken. Sie schwand dahin und starb an gebrochenem Herzen. Mit ihrem letzten Atemzug äußerte sie den Wunsch, man möge sie in eine schwarze Barke legen und diese den Fluss hinab Richtung Camelot treiben lassen. Als das Boot dort ankam, begab sich der gesamte Hofstaat zum Fluss, um die Dame anzuschauen, und man fand einen Brief in ihrer Hand, in dem sie ihre Liebe für Sir Lancelot bekundete. Als dieser den Brief sah, weinte er vor Schmerz und ließ ihr neben den Mauern Camelots ein Grabmahl aus Marmor errichten.

Die Damen des Hofes

Während König Artus' Regentschaft belebten so viele wunderbare Damen die Gesellschaft am Hof, dass es länger als ein Jahr dauern würde, wenn man sie alle aufzählen wollte. Von vielen von ihnen ist nur noch der Name bekannt, etwa von Guineveres Schwester *Gwenvach*. Sie soll ihrer Schwester so sehr geähnelt haben, dass man die beiden nur durch eine kronenförmige Narbe voneinander unterscheiden konnte, die Guinevere an der Schulter hatte.

Von Isolde

Man kannte sie unter dem Namen *Isolde von Eriu* und sagte, sie sei ebenso schön – wenn nicht sogar schöner – gewesen wie die Königin selbst und zudem kundig in der Heilkunst. Von der großen und verbotenen Lieben Sir Tristans zu ihr und vom traurigen Tod der beiden haben wir bereits gehört.

Von Lady Ragnall

Lady Ragnall, Sir Gawains Frau, gelangte unter geheimnisvollen Umständen an den Hof von Camelot, nämlich mit einem Fluch belegt, der sie zu einem alten, hässlichen Weib machte. Von diesem Bann konnte sie nur ein Mann befreien, der sie selbst entscheiden ließ, ob ihre eigentliche Schönheit bei Tag oder in der Nacht zu sehen sein sollte.

Von den Feen

Sir Launfal verliebte sich in eine Frau aus dem Feenvolk, die ihm verbot, mit irgendjemandem über sie zu sprechen. Doch eines Tages konnte er nicht länger widerstehen, anderen gegenüber mit ihrer Schönheit zu prahlen – und so verlor er sie für immer.

Von Enid

Von *Enid* wird gesagt, sie sei abgesehen von Guinevere die liebenswürdigste Dame des Hofes gewesen. Ihr Mann war Sir Geraint, und nachdem dieser einmal zufällig eine Bemerkung von ihr hörte, die einen Schatten auf seine ritterliche Ehre zu werfen schien, nahm er sie mit auf seine Abenteuer. Dabei rettete sie ihm mehrmals das Leben und erwies sich als treue und würdige Begleiterin.

Von Dindrane

Als die Ritter der Tafelrunde das Schloss Camelot verließen und sich auf die Suche nach dem Heiligen Gral begaben, war auch eine Frau unter ihnen: *Dindrane,* Sir Parcivals Schwester. Sie hatte den größten Teil ihres Lebens zurückgezogen in einem Kloster im Goldenen Wald verbracht und dort erschien ihr in einer Vision der Gral. Viele der Ritter, die sich auf die Suche nach ihm begaben, starben oder versanken in Finsternis, und bald war nur noch eine Handvoll von ihnen übrig. Dindrane ritt mit ihnen weiter, doch starb auch sie später bei diesem Abenteuer, nachdem sie ihr Blut zur Heilung einer aussätzigen Frau geopfert hatte. Man sagt, ihr Leichnam sei in das sagenhafte Schiff König Salomos gelegt worden, mit dem sie in das Reich des Grals gelangt sei, noch ehe einer der Ritter ihn gefunden hatte. Dort begrub man sie später an der Seite Sir Galahads, von dem es heißt, er sei der frommste Ritter Albions gewesen und gestorben, nachdem er in die heilige Schale geschaut hatte.

Von Cundrie

Eine weitere Dienerin des Grals war die mysteriöse *Cundrie,* eine der geheimnisvollen Damen, die am See Avalon lebten. Sie soll so hässlich gewesen sein, dass niemand sie ansehen konnte, ohne zu erschauern. Ihre Aufgabe bestand darin, den Gralssuchern zu folgen und sie, wann immer sie konnte, in Versuchungen zu führen, um herauszufinden, wie ernst es ihnen mit dieser Suche war. Niemand weiß etwas über ihr weiteres Schicksal, denn als der Gral gefunden wurde, verschwand sie für immer im Goldenen Wald und wurde bis auf den heutigen Tag von niemandem mehr gesehen.

Sir Gawain und der Grüne Ritter

An einem Weihnachtsabend hatte König Artus alle Ritter der Tafelrunde in Camelot versammelt. Draußen heulten die Wölfe im Goldenen Wald und es fiel dichter Schnee. Königin Guinevere und ihre Damen hatten sich in festliche Kleider aus schimmernder Seide gehüllt und die Ritter trugen ihre feierlichsten goldenen Gewänder.

Man hatte soeben das Kaminfeuer entzündet und den Rittern ein festliches Weihnachtsmahl vorgesetzt, da stemmte ein heftiger und eisiger Windstoß die Türen des Festsaals auf und herein trat ein riesiger Kerl, am Helm einen Stechpalmenzweig und in der Hand eine mächtige Axt, die scharf genug war, den Wind zu zerschneiden.

Aber es war nicht die Axt, die alle im Saal Versammelten wie erstarrt auf ihren Plätzen sitzen ließ: Nicht nur die Kleidung des Riesen war grün, sondern auch seine Axt, seine Haut und sogar sein langes, struppiges Haar waren von dieser Farbe. Nur die Augen funkelten rot wie Glut.

»Wer ist der Herr dieses Hauses?«, fragte der Eindringling mit einer Stimme, die klang, als reibe man zwei Steine aneinander.

»Ich bin der König«, erwiderte Artus.

»Und ich bin der Grüne Ritter«, tönte der Riese. »Ich bringe Kunde vom Winter und fordere all jene zum Kampf heraus, die genügend Mut in den Knochen haben.«

»Ich bin bereit!«, meldete sich Gawain furchtlos und sprang auf.

»Du hast noch nicht gehört, was dich erwartet«, brummte der Grüne Ritter.

»Komme, was wolle«, erwiderte Gawain.

»Dann schlage ich den Kampf mit der Axt vor«, bestimmte der Riese. »Jeder soll dem anderen einen Schlag damit versetzen. Möge der Bessere von uns beiden gewinnen.«

Er reichte Gawain die gewaltige Waffe, der sie in die Hand nahm und ihr Gewicht maß. Dann kniete der Grüne Ritter vor ihm nieder und entblößte seinen Hals.

»Beginne, wenn du so weit bist!«

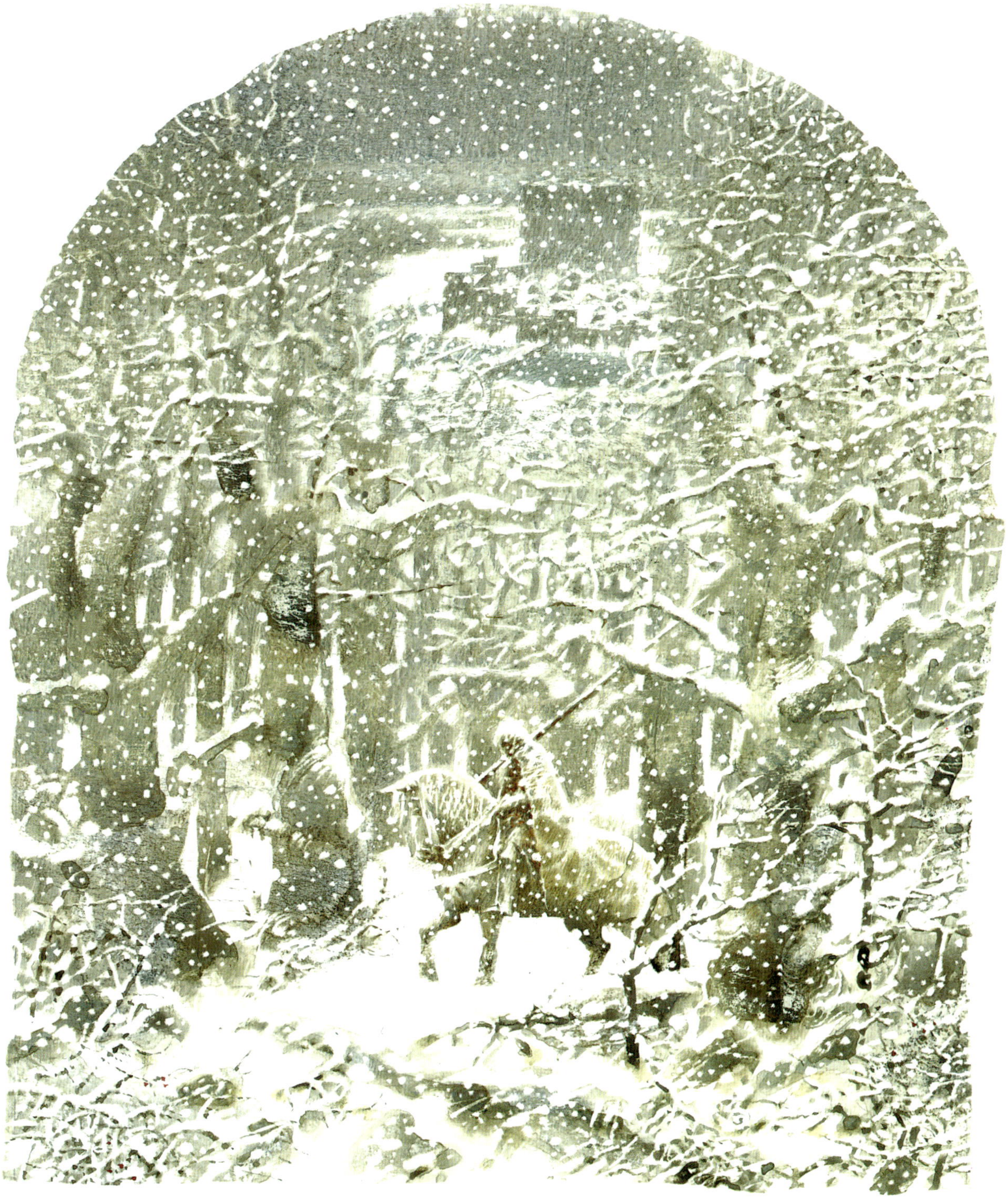

Gawain schwang die riesige Axt in die Höhe. Dann trennte er mit einem einzigen Hieb durch Fleisch und Knochen den Kopf des Grünen Ritters vom Körper. Doch als Gawain sich auf den Schaft lehnte und Atem schöpfte, erfüllte ein lauter Schrei den Saal. Denn der Riese sank trotz des kräftigen Schlages nicht in die Knie. Stattdessen verharrte der kopflose Körper des Grünen Ritters in aufrechter Stellung, bis er sich langsam niederbeugte, um den Kopf vom Boden aufzuheben. Als er ihn in der Hand hielt, funkelten die roten Augen unverändert und seine Lippen bewegten sich.

»Auf den Tag genau in einem Jahr werden wir uns wiedersehen. Folge der Straße nach Norden und komm zur Grünen Kapelle, um deinen Schlag entgegenzunehmen. Frage im Winter nach mir.«

Nach diesen Worten kehrte er dem Saal den Rücken und verschwand. Er ließ eine bedrückende Stille und düstere Blicke auf allen Gesichtern zurück.

Noch nie verging ein Jahr so schnell wie das folgende. Frühling und Sommer hatten sich kaum gezeigt, als die ersten Winde des Herbstes im Goldenen Wald bereits die Blätter zu entlauben begannen. Und nun wurde es Zeit für Gawain, sich auf die Suche nach der Grünen Kapelle zu begeben.

Lange Zeit ritt er auf der Straße nach Norden, wie der Grüne Ritter ihn geheißen hatte. An den nackten Ästen der Bäume hingen Schnee und Eis und Gawain verbrachte die Nächte unter den eisigen Blicken der Sterne, vor Kälte zitternd in seiner Rüstung und mit gezogenem Schwert. Überall fragte er nach dem Grünen Ritter, doch alle schüttelten unwissend den Kopf. Dann eines Tages, nur drei Tage vor dem Weihnachtsfest, als überall in Albion die Feuer der Sonnenwendfeste entzündet wurden, gelangte Gawain an einen Hügel, von dem aus er im Tal zu seinen Füßen ein Schloss entdeckte.

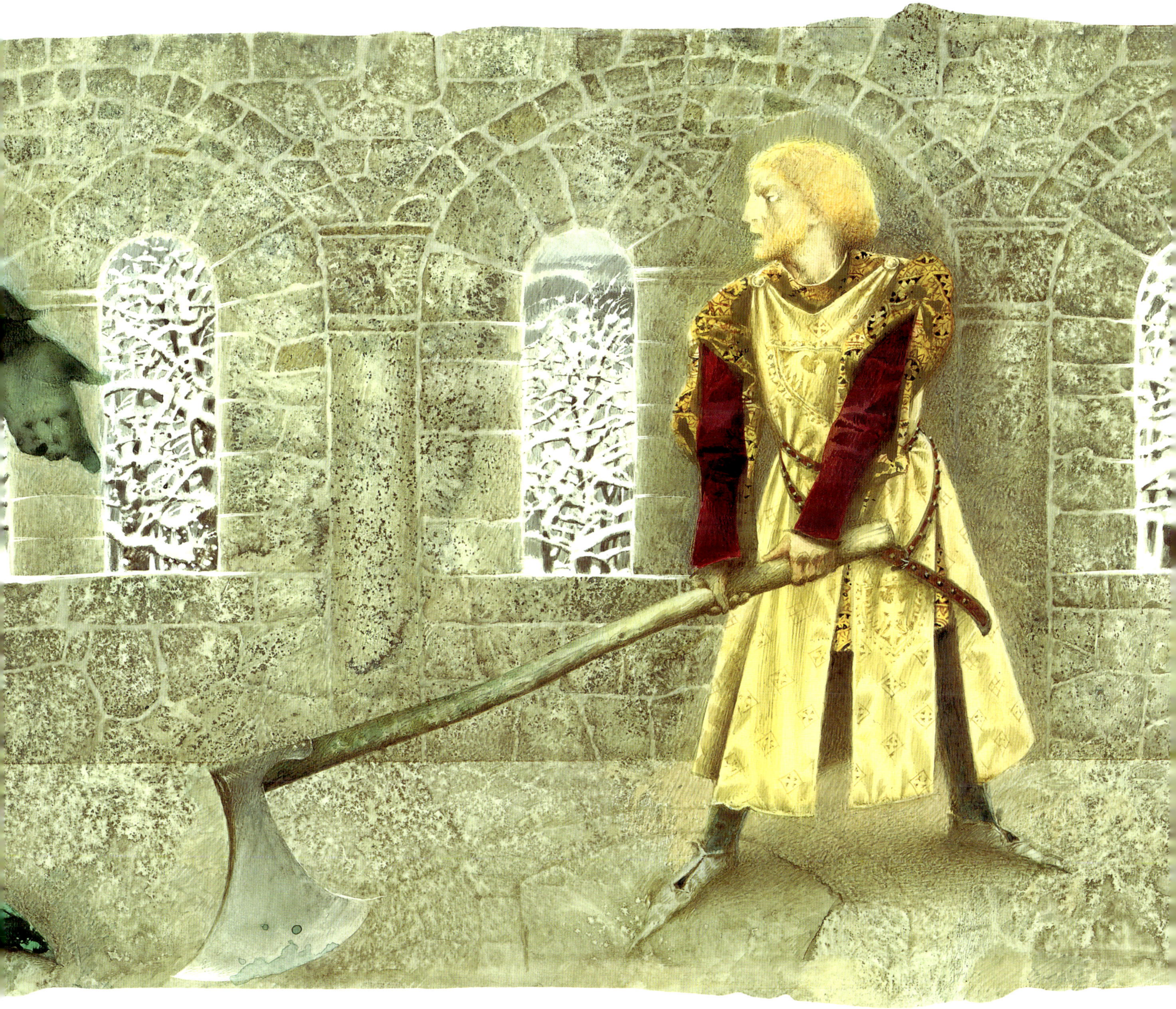

Er ritt hinab und bat darum, sich eine Weile ausruhen zu dürfen. Der Schlossherr selbst kam zur Begrüßung, ein großer, bärtiger Mann, der Herzlichkeit und Gastfreundschaft ausstrahlte.

»Tretet ein und seid mir willkommen!«, rief er. »Mein Name ist Bercilak und an Eurem Schild erkenne ich, dass Ihr kein Geringerer als Gawain von Orkney seid, der Neffe unseres Königs. Somit seid Ihr zweifach willkommen!«

Er führte ihn hinein und rief ein paar Diener, die Gawain beim Ablegen der Rüstung halfen und ihm warme, behagliche Gewänder reichten. Dann führten sie ihn in den Saal, wo der Hausherr ihn bereits vor einem prasselnden Feuer erwartete.

»Lasst mich Euch meine Gemahlin und ihre Mutter vorstellen«, sagte Sir Bercilak. Gawain verbeugte sich höflich und bemerkte, wie schön die Hausherrin und wie hässlich dagegen ihre Mutter war. Die schwarzen Augen der Alten schienen ihm kalte Blitze entgegenzuschleudern, während die der Tochter warm und mild schimmerten.

»Ich bin auf der Suche nach der Grünen Kapelle«, trug Gawain sein Anliegen vor.

Der Schlossherr lachte und erwiderte: »Die kennen wir gut, sie liegt nur drei Meilen von hier entfernt. Aber zuerst sollt Ihr Euch einmal ausruhen, und wenn Ihr so weit seid, zeigen wir Euch gern den Weg.«

Ein Festmahl wurde aufgetragen, das den Feierlichkeiten in Camelot alle Ehre gemacht hätte. Der Anblick ließ Gawain den dunklen Schatten des Grünen Ritters und seiner Axt vergessen, der das ganze Jahr lang über ihm gehangen hatte.

»Möget Ihr geruhsam schlafen«, sagte Sir Bercilak, als das Mahl beendet war. »Ich werde gleich morgen früh auf die Jagd gehen und schauen, was ich für die Küche erbeuten kann. Aber das soll Euch nicht kümmern, Sir Gawain, ruhet so lang Ihr wollt. Doch lasst uns die Vereinbarung treffen, dass wir alles teilen, was uns morgen zuteil wird, sei es durch Tatkraft oder List.«

Gawain wunderte sich zwar über diese Äußerung, doch er sagte nichts, verbeugte sich noch einmal und war froh, sich in das warme Bett legen zu können.

Am nächsten Morgen wurde er vom Aufbruch Sir Bercilaks und seiner Männer geweckt. Kurz darauf wurde leise an seine Tür geklopft und Lady Bercilak betrat sein Zimmer. Sie lächelte freundlich und setzte sich zu ihm, um mit ihm zu plaudern. Und da Gawain neben seinen anderen ritterlichen Qualitäten auch ein Mann des Wortes war, war die Schlossherrin schon bald ebenso entzückt von ihm wie er von ihr.

Als sie einige Zeit so beieinander gesessen hatten, zog Lady Bercilak einen Ring von ihrer Hand und reichte ihn Gawain.

»Betrachtet ihn als Zeichen unserer Freundschaft«, flüsterte sie.

Gegen Mittag kam der Hausherr von der Jagd zurück und brachte einen großen Eber mit. »Seht Euch dieses Prachtstück an, Sir Gawain!«, rief er ihm fröhlich zu. »Und nun zeigt mir, was Ihr erworben habt.«

Das Einzige, was Gawain vorzeigen konnte, war der Ring, den er gerade erst erhalten hatte.

»Den behaltet ruhig«, lachte Sir Bercilak, »ich bin sicher, er stammt von einer schönen Dame. Sei's drum, betrachten wir den Handel als erledigt.«

Am Abend schlug der Hausherr die gleiche Prozedur für den nächsten Tag vor. Er wollte wieder auf die Jagd gehen und ermunterte Gawain abermals, so lange zu schlafen, wie er es benötige.

»Das ist das Mindeste, was man einem Ritter der Tafelrunde anbieten kann, der einen langen und beschwerlichen Ritt hinter sich hat.«

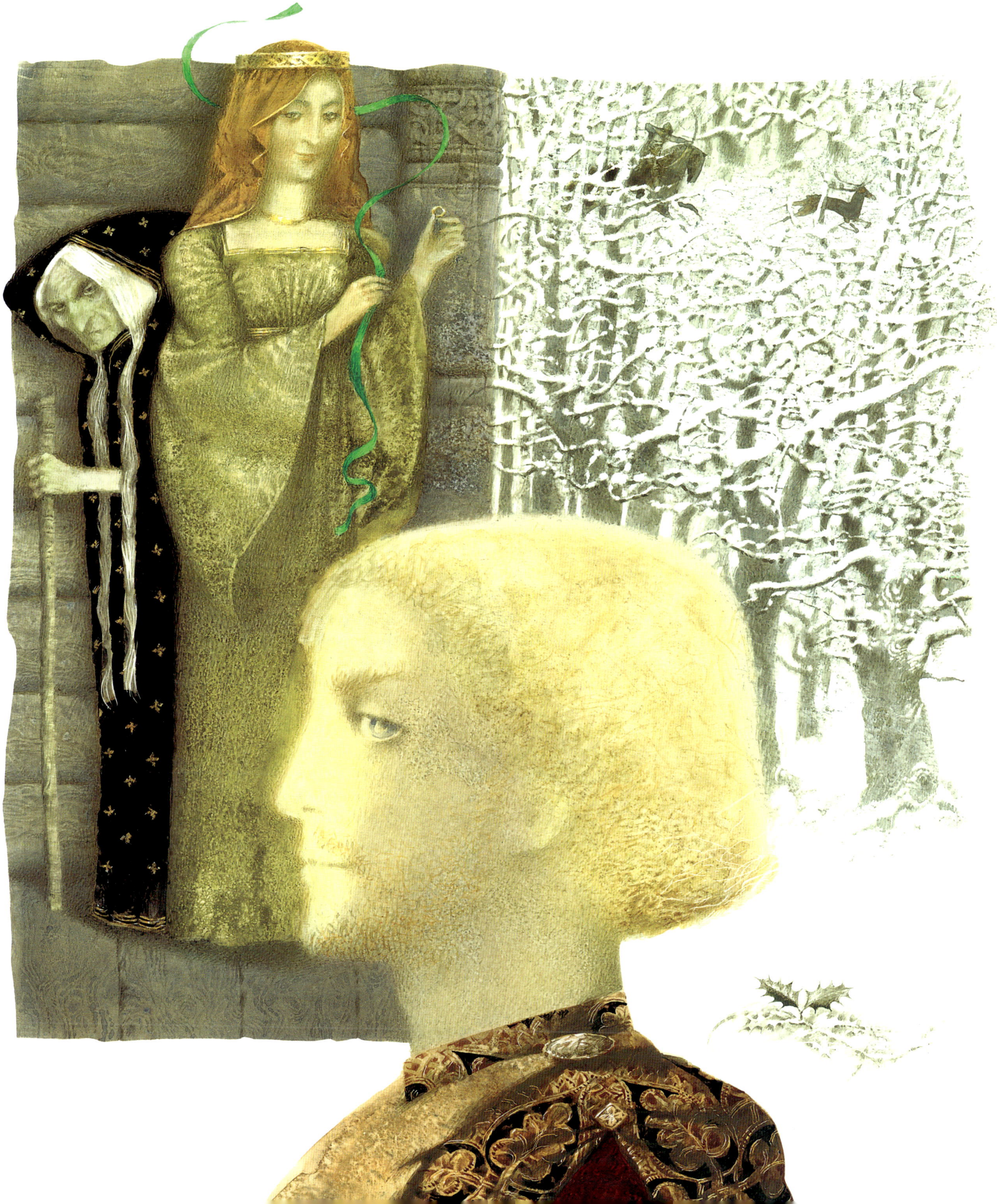

Als der Morgen anbrach und Sir Bercilak mit seinen Leuten zur Jagd ritt, vernahm Gawain erneut das leise Klopfen an seiner Tür und befand sich bald darauf in der Gesellschaft der Dame des Hauses.

Wieder sprachen sie angeregt über dies und das, und als der Mittag nahte, gab Lady Bercilak ihm einen Kuss auf die Wange, um sich für die angenehme Unterhaltung zu bedanken.

Als ihr Gemahl mit einem stattlichen Hirsch auf dem Sattel aus dem Wald zurückkehrte, kam er sofort zu Gawain, um sich nach seiner Ausbeute des Tages zu erkundigen. Lächelnd trat Gawain auf ihn zu, umarmte ihn und gab ihm einen Kuss auf die Wange, womit Bercilak sehr zufrieden schien.

Als sie am Abend wieder gemeinsam am Tisch saßen, hatte Gawain den Eindruck, Lady Bercilaks Mutter mustere ihn mit einem scharfen Blick.

»Verbringt noch eine Nacht bei uns«, bot Bercilak ihm an, »und am Morgen des Weihnachtstages werden wir Euch den Weg zur Grünen Kapelle zeigen.« Und wieder bot er an, den Ertrag seiner Jagd des nächsten Tages mit ihm zu teilen.

Das Geräusch der Hunde und Jagdhörner weckte Gawain früh am nächsten Morgen. Die Wärme seines Bettes ließ ihn ein wenig bedrückt an die schwere Prüfung denken, die ihm bevorstand. Wenn auch der Grüne Ritter seinen Schlag mit der Axt überlebt hatte, wusste Gawain doch, dass ihm dies seinerseits nicht gelingen würde. Und so freute er sich, als Lady Bercilak zu ihm kam, denn wie könnte er seinen letzten Tag angenehmer verbringen als in der Gesellschaft einer so schönen Frau?

Doch auch die Hausherrin erschien ihm an diesem Morgen ernster als sonst.

»Sir Gawain«, begrüßte sie ihn. »Ich weiß, was Euch erwartet. Morgen müsst Ihr gegen den Grünen Ritter antreten.«

»Ihr habt recht«, erwiderte Gawain betrübt.

»Ihr müsst Euch keine Sorgen machen«, sagte Lady Bercilak. »Ich kenne einen Ausweg, Ihr müsst mir nur vertrauen.«

Dann holte sie ein grünes Band aus ihrer Tasche und reichte es Gawain.

»Wenn Ihr dies auf Eurer Haut tragt, vermag die Grüne Axt Euch keinen Schaden zuzufügen.«

Als er das Band in der Hand hielt, spürte Gawain eine besondere Kraft, die von ihm ausging. »Ich fürchte, dies verstößt gegen den ritterlichen Kodex«, sagte er. »Andererseits hänge ich am Leben und bin nicht versessen darauf, es einfach fortzuwerfen.«

Darauf gab Lady Bercilak ihm einen Kuss auf jede Wange. Als der Schlossherr nach Hause kam, zeigte er Gawain stolz drei erlegte Rehe und forderte wie üblich auch seinen Anteil ein. Gawain bot ihm im Gegenzug die beiden Küsse an – das grüne Band dagegen hielt er unter seinem Hemd verborgen.

Am nächsten Morgen rief der silberne Klang der Kirchglocken zur Messe. Nach dem Gottesdienst bat Gawain darum, ihm den Weg zur Grünen Kapelle zu zeigen, woraufhin Sir Bercilak ihm Gottes Beistand wünschte und einen Diener anwies, ihn zu begleiten. Die Wintersonne stand hoch am Himmel, doch der Weg, auf dem sie gingen, führte in ein finsteres, steiniges Tal, dem die Sonne jegliches Licht zu verweigern schien. Der Winter schien hier strenger als andernorts zu sein, und nachdem der Diener Gawain gezeigt hatte, welche Richtung er einschlagen müsse, begab er sich so schnell wie möglich auf den Rückweg.

Langsam setzte Gawain seinen Weg allein fort, da vernahm er plötzlich aus dem Inneren einer dunklen Höhle ein Geräusch, das ihm bekannt vorkam.

Und schon trat der Grüne Ritter hervor, der diesmal noch größer erschien als bei ihrer letzten Begegnung und dessen rote Augen bedrohlich funkelten.

»Da bin ich, wie wir es vereinbart hatten«, sagte Gawain.

»Lass uns keine Zeit verschwenden«, erwiderte der Riese brummig.

Gawain kniete sich in den Schnee, entblößte seinen Hals und dachte an das grüne Band, das er unter seinem Hemd trug.

Der Grüne Ritter nahm die Axt und schwenkte sie ein paar Mal hin und her. Dann erhob er sie und ließ sie niedersausen – doch eine Haaresbreite über Gawains Hals hielt er inne.

Ohne es zu wollen, zuckte Gawain zusammen.

»Sind alle Ritter des Königs solche Hasenfüße?«, höhnte der Grüne Ritter.

»Schlagt zu«, erwiderte Gawain. »Ihr werdet mich nicht noch einmal zittern sehen.«

Erneut holte der Riese zum Schlag aus – und brach sein Werk abermals im letzten Moment ab.

»Genug!«, rief Gawain. »Bringt es zu Ende und schlagt zu!«

Zum dritten Mal durchschnitt die Axt die Luft, und dieses Mal streifte sie Gawains Hals und ließ ein paar Tropfen Blut in den weißen Schnee fallen.

Mit einem wütenden Schrei erhob er sich und zog sein Schwert. Zu seinem Erstaunen aber blieb der Grüne Ritter einfach auf seine Axt gelehnt stehen und begann zu lachen. Als Gawain ihn betrachtete, wurde ihm klar, dass der Grüne Ritter kein anderer als Sir Bercilak war – der Mann, der ihn in den vergangenen drei Tagen beherbergt hatte.

»Lasst Euer Schwert ruhen«, sagte er. »Ich wollte Euch auf die Probe stellen, und Ihr hättet sie beinahe bestanden. Hättet Ihr mir das grüne Band nicht verheimlicht, das Ihr von meiner Frau empfangen habt, wären nicht einmal diese wenigen Tropfen Eures Blutes notwendig gewesen.«

Gawain senkte den Kopf, auf seinen Wangen lag ein roter Schimmer.

»Ich gestehe, dass ich zu sehr am Leben hänge«, sagte er. »Aber was mich selbst betrifft, habe ich mich keinerlei Magie bedient.«

»Ebenso wenig wie ich«, antwortete Sir Bercilak. »Die Magie kam von Morgan Le Fay. Ihr habt sie in der Gestalt eines alten Weibes gesehen, als Mutter meiner Gemahlin, ebenso wie ich die Gestalt des Grünen Ritters angenommen habe. Ich habe dies getan, weil ich ihr etwas schuldete. Jetzt ist diese Schuld beglichen, dank Euch.«

Hiermit musste Gawain sich zufriedengeben, obwohl er sich selbst dafür verurteilte, das Band angenommen zu haben. Als er nach Camelot zurückgekehrt war, berichtete er alles, was ihm widerfahren war, und verschwieg auch seinen Fehler nicht.

Artus hörte ihn an und beschloss, ihn nicht zu bestrafen.

»Mein Neffe, Ihr seid noch immer der beste meiner Ritter«, erklärte er. »Als Anerkennung Eurer Taten sollen alle Ritter den ganzen Winter über einen Stechpalmenzweig an ihren Helmen tragen. Er soll sie an Sir Gawains Mut erinnern, den er bewiesen hat, indem er sich dem Grünen Ritter stellte und zu Ehren Albions seine Herausforderung annahm.«

Magische Begegnungen

Von einigen der geheimnisvollen Wesen, die zu König Artus' Zeit das Reich Albion bevölkerten, haben wir schon gehört. Sie erschienen vor allem an den aus alter Zeit überlieferten Festtagen wie der Mitsommernacht oder der Wintersonnenwende, um die Ritter der Tafelrunde herauszufordern oder auf die Probe zu stellen. Wann immer sich die Bruderschaft in Camelot zusammenfand, kam es zu magischen Begegnungen.

Von den Versuchungen

Wir haben schon von dem ersten Abenteuer der Ritter der Tafelrunde erzählt, bei dem drei Ritter durch das Erscheinen des weißen Hirsches in merkwürdige Begebenheiten verstrickt wurden. Wieder und wieder kam es vor, dass Zauberinnen Artus und seine Männer in den Goldenen Wald lockten, wo sie sich mit dunklen Kräften messen mussten.

Von den drei Damen

Als Sir Gawain, Sir Marhaus von Irland und Sir Iwein sich auf der Suche nach neuen Abenteuern befanden, begegneten ihnen drei Damen: eine alte, eine in der Blüte ihrer weiblichen Schönheit und eine dritte, die fast noch ein Kind war. Jeder der Ritter nahm eine von ihnen auf sein Pferd, dann ritten sie in unterschiedlichen Richtungen weiter. Alle drei erlebten daraufhin furchterregende Abenteuer, die mit menschlichem Verstand nicht zu erfassen waren. Die Elemente selbst schienen die Ritter auf die Probe stellen zu wollen, indem sie sie die Unbeugsamkeit der Erde, den Aufruhr des Feuers, die Verschlagenheit des Wassers und die Kraft der Luft spüren ließen.

Vom Riesigen Ritter

Auch König Artus hatte Begegnungen mit diesen mysteriösen Wesen. Eines Tages traf er einen riesigen Ritter mit Namen *Gromer Somer Jour,* was so viel bedeutet wie *Mann des Sommertages.* Gegen die Kraft dieses Riesen war Artus machtlos, nicht einmal sein Schwert und sein magischer Schild waren ihm von Nutzen. Aber Gromer wollte Artus verschonen, wenn es ihm gelänge, innerhalb eines Jahres ein Rätsel zu lösen. Als der König nach einem Jahr die Lösung des Rätsels noch immer nicht gefunden hatte, ritt er zur verabredeten Zeit zu dem Treffen mit Gromer – im Glauben an seinen sicheren Tod …

Von Lady Ragnall

Auf seinem Weg dorthin begegnete er einer hässlichen Frau, die ihm die Lösung seines Rätsels versprach, wenn er dafür sorge, dass Sir Gawain sie zur Frau nähme. Als Artus wieder in Camelot war, willigte der noble Gawain ein, und so war der König gerettet. Am Tag ihrer Hochzeit entdeckte Gawain, dass seine Frau niemand anderes als *Ragnall,* die Weiße Göttin des Frühlings war. Nachdem sie von ihrem Fluch befreit worden war, wurde sie zu einer der schönsten Frauen an König Artus' Hof.

Von den neun Damen

Man sagt, viele dieser magischen Begegnungen seien von den neun Schwestern hervorgerufen worden, die auf der verborgenen Insel Avalon lebten. Immer wieder lockten sie König Artus und seine Ritter der Tafelrunde in schwierigste Abenteuer und Prüfungen, in denen diese ihre Treue dem Reich gegenüber sowie ihre Stärke im Kampf gegen geheimnisvolle Widersacher unter Beweis stellen mussten.

Das Abenteuer der Geheimnisvollen Quelle

König Artus hielt Hof in Carlisle, und wie er es gewohnt war, bat er um eine Geschichte, ehe das Mahl beginnen sollte. Ein Ritter namens Kalogrenant ergriff das Wort und berichtete, wie er tief im Wald zu einer Quelle gelangt sei.

»Dieser Ort wird von einem schwarzen Ritter und zahlreichen wilden Kreaturen bewacht, die von einem monströsen Ungetüm angeführt werden«, erzählte Kalogrenant und erschauerte bei der Erinnerung daran. »Die Monster konnte ich bezwingen«, fügte er kleinlaut hinzu, »doch später wurde ich von dem Schwarzen Ritter ordentlich verprügelt.«

König Artus äußerte den Wunsch, diese rätselhafte Quelle selbst zu sehen.

»Lasst sie uns beim nächsten Vollmond gemeinsam mit allen Rittern aufsuchen«, schlug er seinen Gefährten vor.

Unter den anwesenden Rittern des Festes befand sich auch Sir Iwein, Sohn des Königs Uriens von Gore. Er war erst vor kurzer Zeit an den Hof gekommen und hatte noch keinerlei Abenteuer bestanden. Da er aber begierig danach trachtete, seine Fähigkeiten zu beweisen, war er fest entschlossen, das Abenteuer der Quelle auf eigene Faust zu bestehen.

Also stahl er sich nachts durch eines der kleineren Tore zur Stadt hinaus, schlug die Richtung ein, die Sir Kalogrenant beschrieben hatte, und befand sich bald darauf tief im Goldenen Wald. Als er zu einer großen Lichtung kam, entdeckte er in ihrer Mitte einen kleinen Hügel, auf dem eine einzige große, schwarze Pinie wuchs. Unter dem Baum saß die abscheulichste Kreatur, die ihm je begegnet war. Sie hatte die Gestalt eines Menschen, allerdings nur einen Fuß und nur ein Auge in der Mitte der Stirn. Aus ihrem Maul ragten spitze Fangzähne und in der Hand hielt sie einen gewaltigen Knüppel, so groß wie ein kleiner Baum. Aber damit nicht genug: Zu Füßen des monströsen Ungetüms lagerten Dutzende wilde Tiere. Iwein entdeckte einen Löwen, einen Bären, einen Stier und zahlreiche Wölfe. Etwas weiter entfernt wimmelte es nur so von kleineren Tieren: Hermelinen, Wieseln und wilden Hunden.

73

Obwohl er noch nie in seinem Leben so große Angst gehabt hatte, zog Iwein sein Schwert und baute sich vor dem einäugigen Monstrum auf. Er tat sein Bestes, die anderen Bestien einfach zu ignorieren, die ihn zwar zähnefletschend anknurrten, eigenartigerweise aber in Ruhe ließen.

Das einäugige Monstrum sah auf ihn herab und fragte mit einer Stimme, die die Erde erzittern ließ: »Was hast du hier zu suchen, Winzling?«

»Ich bin gekommen, um mich der Prüfung der Geheimnisvollen Quelle zu unterziehen«, entgegnete Iwein. »Gestattest du mir den Zugang zu ihr?«

»Dir den Zugang gestatten?«, fragte das Monstrum. »Ja, du darfst zu ihr.«

Dann holte er mit seinem Knüppel zu einem Schlag aus und hieb damit gegen den Stamm der Pinie. Im selben Moment wichen die anderen Bestien zurück und ließen Iwein unbeschadet passieren. Er war noch nicht weit gegangen, da erreichte er einen schwarzen Hügel, aus dem frisches Quellwasser in einen kleinen Teich sprudelte. Gleich daneben entdeckte er eine flache goldene Schale, die mit einer Kette an einem eigenartigen grünen Stein festgemacht war. Iwein nahm die Schale, füllte sie mit dem Quellwasser und goss es über den grünen Stein.

Kaum hatte er dies getan, verfinsterte sich der Himmel und der Wald wurde von einem gewaltigen Donner erfüllt. Blitze fuhren in den Teich, worauf das Wasser darin zu brodeln begann. Dann verzog sich der Sturm ebenso schnell wieder, wie er aufgezogen war, und in der nun entstehenden Stille vernahm Iwein den Hufschlag eines sich nähernden Pferdes. Gleich darauf erschien der größte Ritter, den er je gesehen hatte, gekleidet in eine schwarze Rüstung und bewaffnet mit einem mächtigen Schwert sowie einem Schild, auf dem als Wappen ein Blitz prangte.

Wortlos grüßte der Schwarze Ritter Sir Iwein, brachte seine Lanze in Position und griff an. Beinahe den ganzen Tag über dauerte der stürmische Kampf, doch zuletzt behielt Iwein die Oberhand und zerschmetterte den Helm des Schwarzen Ritters mit einem Schwertschlag, den kaum ein Mann je überlebt hätte.

Mit letzten Kräften bestieg der Schwarze Ritter sein grimmiges Ross und verschwand im dichten Wald. Obwohl auch er verwundet war, folgte Iwein ihm, bis er zu einem Schloss gelangte, das hinter hohen Bäumen verborgen lag, und sah, wie der Schwarze Ritter, tief über den Hals seines Pferdes gebeugt, hineinritt.

Iwein stieg von seinem Pferd, band es fest und schlich ebenfalls zum Schlosstor. Da hörte er, wie hinter ihm lautstark ein Fallgatter zu Boden krachte und fast gleichzeitig ein zweites vor ihm. Er war also gefangen und rechnete damit, dass schon bald die Bewohner des Schlosses erscheinen würden, um Rache an dem zu üben, der ihren Herrn erschlagen hatte.

Da hört er eine leise Stimme sagen: »Mein Ritter, lasst mich Euch helfen.«

In der Mauer zu seiner Seite sah er ein kleines Fenster, durch das ihn eine junge Dame anschaute. »Ich werde Euch helfen«, sagte sie noch einmal und ließ einen Gegenstand fallen, der funkelnd auf dem staubigen Boden landete. Iwein erkannte, dass es ein Ring war.

»Wenn Ihr ihn tragt, werdet Ihr für jedermann unsichtbar sein«, sagte die Dame. »Folgt mir, wenn das Tor wieder geöffnet wird, dann führe ich Euch zu einem Versteck.«

Da ertönte ein lautes Klagegeschrei aus dem Schloss und Iwein wusste, dass man den Tod des Schwarzen Ritters beweinte. Er steckte sich den Ring an einen Finger und hoffte, dass die Dame kein übles Spiel mit ihm spielte. Doch als das Tor in die Höhe gezogen wurde und einige Reiter aus dem Schloss hinaussprengten – zweifellos, um die Verfolgung des Mörders ihres Herrn aufzunehmen –, schienen sie Iwein tatsächlich nicht zu sehen.

Sobald sie fort waren, betrat Iwein den Schlosshof, wo die junge Dame ihn bereits erwartete. Er folgte ihr und sie führte ihn ins Schloss, wo sie ihm eine kleine Kammer zeigte und ihn bat, darin zu bleiben.

»Hierher kommt niemand«, erklärte sie.

Iwein entdeckte ein kleines Fenster, kaum breiter als ein Schlitz in der Wand, durch das er ins Herz des Schlosses schauen konnte. Von hier aus konnte er alles beobachten, was darin vonstatten ging.

Er entdeckte den Körper des Schwarzen Ritters, den man auf eine Bahre gelegt und auf allen Seiten mit Kerzen umgeben hatte. Daneben sah er eine dunkelhaarige Frau, von der er annahm, es handele sich um seine Gemahlin, die den Verlust betrauerte und seinen Mörder verwünschte. Kurze Zeit später kehrten die Ritter zurück, die ihr berichteten, sie hätten ein Pferd gefunden, nicht jedoch seinen Reiter.

»Setzt die Suche fort«, befahl die Schlossherrin. »Der Mörder meines Mannes muss gefunden werden! Und dann wird er, wie unser Gesetz es vorschreibt, der neue Hüter der Quelle.«

Drei Wochen lang verbarg sich Iwein in der Kammer und das junge Mädchen, dessen Name, wie er bald erfuhr, Lunete war, versorgte ihn während dieser Zeit. Langsam kehrten Iweins Kräfte zurück. Jeden Tag beobachtete er, wer im Schloss kam und ging, und wunderte sich über die merkwürdigen Gepflogenheiten, die dort herrschten.

»Seit man sich erinnern kann, war es hier nie anders«, erzählte Lunete ihm. »Die Schlossherrin wählt aus den berühmtesten Rittern des Reiches einen Ehemann aus, der dann der Hüter der Quelle wird. Anders könnte dieses Schloss nicht fortbestehen, denn ohne Hüter würde die Quelle versiegen und ein gewaltiges Unwetter würde entfesselt. Kommt einer, der den Hüter besiegen kann, muss er die Aufgabe übernehmen. Viele Male ist dies bereits geschehen, aber jetzt habt Ihr diesen Vorgang durchbrochen und ich mache mir große Sorgen darüber, was geschehen wird.«

Iwein dachte lang über ihre Worte nach und beobachtete, wie die Frau des Schwarzen Ritters mit jedem Tag blasser und schwächer wurde. Und langsam verwandelte sich das Mitleid, das er für sie empfand, in Liebe.

»Bald wird es mit dem Schloss ein Ende haben«, sagte Lunete eines Tages. »Wenn sich kein neuer Hüter der Quelle findet, werden wir alle zugrunde gehen.«

»Mir scheint«, sagte Iwein, »es ist meine Bestimmung, der neue Hüter zu werden.«

»Ihr habt recht«, erwiderte das Mädchen, »aber ich fürchte, meine Herrin wird Euch nicht wohl gesonnen sein.«

»Nicht, wenn sie erfährt, dass ich ihren Mann erschlagen habe«, sagte Iwein. »Aber was wäre, wenn ich als ein Ritter des Königs zum Schloss käme, der sich auf der Suche nach der Geheimnisvollen Quelle befände?« Und dies war letzten Endes die reine Wahrheit.

»Macht Euch bereit«, sagte Lunete. »Morgen werde ich Euch zu ihr führen.«

Am nächsten Morgen brachte sie Iwein den Ring, der ihn unsichtbar machte, damit er gefahrlos das Schloss verlassen konnte. Draußen brachte Lunete ihm ein Pferd sowie seine Rüstung und Waffen, die sie gesäubert und poliert hatte, bis sie glänzten.

So ausgerüstet und mit geschnittenem Bart und Haar ritt Iwein zum Schlosstor und verkündete, dass er gekommen sei, um sich als neuen Hüter der Quelle anzubieten.

Diejenigen, die sich wunderten, woher er von dem Gesetz der Geheimnisvollen Quelle wisse, vergaßen danach zu fragen, so groß war die Freude darüber, dass sich der drohende Untergang des Schlosses nun doch noch verhindern ließe. Man hieß ihn willkommen und führte ihn vor die Schlossherrin.

Lunete stand neben ihr und berichtete von Iweins ›ruhmreichen Taten‹, über die man ›in ganz Albion‹ spräche. Da es ihr sehnlichster Wunsch war, ihr eigenes Leben und das ihrer Untergebenen zu retten, erklärte die Schlossherrin Iwein zum neuen Hüter der Quelle, verlor allerdings kein Wort darüber, dass er auch ihr neuer Gemahl werden sollte.

So kam es, dass Iwein die schwarze Rüstung anzog, die vor ihm dem Mann gehörte, den er getötet hatte. Man gab ihm ein Pferd in derselben Farbe und von nun an ritt er jeden Tag zur Quelle, um auf neue Herausforderer zu warten.

Immer wieder erschienen Ritter, doch Iwein besiegte sie alle. Langsam nahte der Vollmond, und in jener Nacht ertönten die Hufe vieler Pferde auf dem Weg, der zur Quelle führte. König Artus und zahlreiche Ritter der Tafelrunde hatten sich dorthin begeben, wie er es versprochen hatte. In seiner schwarzen Rüstung, in der niemand ihn erkennen konnte, ritt Iwein ihnen entgegen.

Sir Kay war der Erste, der ihn herausforderte – und schon bald unsanft auf dem Boden landete. Dann bezwang Iwein ohne großen Aufwand Sir Bliamor, Sir Gallehodin und Sir Grummor Grummerson. Erst als sich Sir Kalogrenant bereit machte, legte Iwein seine Waffen beiseite und nahm den Helm ab, damit alle sehen konnten, wer er war.

Alle freuten sich sehr, dass Sir Iwein noch lebte, und Artus ließ sich berichten, was ihm widerfahren war. Danach begaben sie sich auf den Weg zum Schloss, wo Iwein der Herrin nicht nur gestand, dass er es war, der ihren Gemahl erschlagen hatte, sondern ihr auch offenbarte, dass er sie liebte. Nun konnte auch sie dem hübschen, jungen Mann eingestehen, dass sie sich in ihn verliebt hatte, und musste sich nicht länger den Anschein geben, als weise sie ihn zurück.

Ehe König Artus und sein Gefolge zurück nach Camelot ritten, wohnten sie der Hochzeit der beiden in ihrem Schloss bei. Auf diese Weise blieb das alte Gesetz dieses Ortes bestehen und die Quelle konnte weiterfließen.

Nun sagen einige, Sir Iwein wäre noch viele Jahre lang der Hüter der Quelle geblieben. Andere dagegen meinen, er sei schon bald darauf nach Camelot gezogen, um seinen Platz in der Tafelrunde einzunehmen. Von dem einäugigen Monstrum und seinen wilden Kreaturen aber hat nie wieder jemand etwas gehört.

Der Gral

Von allen Abenteuern der Ritter der Tafelrunde war die Suche nach dem Heiligen Gral das bedeutendste. Es gibt viele Geschichten über diese wunderbare Erscheinung, von der in Albion schon lange vor König Artus' Zeit die Rede war. Aber der Gral war so unergründlich, dass er nur von denjenigen gefunden werden konnte, deren Schicksal es vorsah.

Von Arawn und dem magischen Kessel

In alten Büchern wird von einem magischen Kessel aus grauer Vorzeit berichtet, der mit dem Licht der Sterne und brodelnden Perlen gefüllt gewesen sei. Sein Besitzer war *Arawn,* der finstere Herr des jenseitigen Reiches *Annwn.* Es heißt, dass Artus persönlich sich mit sieben ruhmreichen Rittern auf die Suche nach diesem geheimnisvollen Gefäß begeben habe und mit seinem Schiff *Prydwen* bis ans Ende der Welt und darüber hinaus gesegelt sei. In den unschiffbaren Gewässern des nördlichsten Meeres gelangten sie an einen Ort, an dem sieben Türme aus dem Meer ragten. Sie wurden von schrecklichen Kriegern bewacht, die kein Wort sprachen und von denen jeder einzelne die Kraft von zehn Rittern hatte.
Schließlich, im siebten Turm, wurden sie vom hünenhaften Arawn selbst erwartet, dessen mächtiger, mit einem Hirschgeweih gekrönter Kopf sich im Mondlicht vor dem schwarzen Himmel abzeichnete.
Es heißt, Artus solle eine Abmachung mit ihm getroffen haben, die vorsah, dass er Arawn im Tausch gegen den Kessel seinen Erstgeborenen schicken würde, der ihm dann in Annwn, dem Reich der Toten, dienen sollte.

Von der golden schimmernden Schale

Die meisten vergaßen die Geschichte vom Kessel – wenn sie überhaupt je von ihr erfahren hatten – bis zu jenem Tag, an dem die gesamte Bruderschaft der Tafelrunde zum Pfingstfest zusammenkam. Während des Festes kam ein gewaltiger Sturm auf, der den Himmel verfinsterte, an den Toren des Schlosses zerrte und den großen Festsaal erbeben ließ. Ein einzelner Lichtstrahl erhellte die Dunkelheit, und in seiner Mitte befand sich eine golden schimmernde Schale, die nur für wenige Augenblicke zu sehen war, ehe sie wieder verschwand.

Der stets ungestüme Sir Gawain war der Erste, der aufsprang und verkündete, er würde nicht eher ruhen, bis er herausgefunden hätte, was diese wunderbare Erscheinung zu bedeuten habe. Die anderen taten es ihm gleich, bis einer nach dem anderen geschworen hatte, sich auf die Suche nach diesem glänzenden Gefäß zu begeben. Und als sie sich zum Aufbruch bereit machten, verbreitete sich das Gerücht, es handele sich bei dieser Schale um keine geringere als die, aus der Jesus selbst beim Letzten Abendmahl getrunken habe.

Es gab aber auch andere, die meinten, es sei Arawns magischer Kessel, der in einer neuen Form erschienen sei, um die Ritter der Tafelrunde in das Herz des Goldenen Waldes zu führen und sie auf die Probe zu stellen.

Vom größten Abenteuer der Ritter der Tafelrunde

Zum ersten Mal, seit sie als Tafelrunde zusammengekommen waren, brachen alle Ritter auf und ließen das goldene Schloss Camelot verwaist zurück. König Artus war sehr betrübt darüber und sagte: »Mir scheint, ich werde kaum einen von diesen bedeutenden Rittern jemals wiedersehen.«

Und er sollte recht behalten, denn viele von ihnen fanden bei diesem Abenteuer den Tod und nur wenige kehrten zurück nach Camelot.

Bis auf den heutigen Tag gibt es diejenigen, die von der Suche nach dem Heiligen Gral sprechen, und andere, die darauf beharren, es handele sich um das Abenteuer des Kessels von Arawn. Aber weder diese noch jene wissen, wer recht hat, denn dieses Abenteuer ist das unbegreiflichste in der langen Geschichte Albions.

Parcival und die Suche nach dem Gral

Zu der Zeit von Uther Pendragon, König Artus' Vater, trug einer der ruhmreichsten Ritter Albions den Namen Evrawc. Nachdem er im Kampf gegen einen benachbarten Schlossherrn starb, entsagte seine Frau der Welt und zog sich mit ihrem Sohn Parcival als Einsiedlerin in den Wald zurück.

Sie beschloss, dass ihr Junge niemals von der Welt der Ritter und ihren Kriegen erfahren solle, und so zog sie ihn in aller Abgeschiedenheit und ausschließlich in der Gesellschaft von Frauen auf. Doch obwohl ihm der Umgang mit Schwertern und Lanzen verboten war, schnitzte er sich, als er älter wurde, seine eigenen Waffen: einen schlichten Bogen, Pfeile und einige Speere. Bald schon hatte er im Umgang mit ihnen eine solche Geschicklichkeit erworben, dass kein Besucher ihre Waldhütte ohne eine ordentliche Portion Fleisch verließ.

Eines Tages, als Parcival wieder einmal durch den Wald streifte, sah er einige berittene Männer, die ihm entgegenkamen. Das Licht ihrer blendend schimmernden Kettenhemden erhellte den dunklen Wald. Und da er in seinem ganzen Leben noch nie einen Mann, geschweige denn die strahlende Rüstung eines Ritters gesehen hatte, hielt er sie für Engel und kniete am Wegrand nieder.

Einer der Männer war Sir Gawain, und als er den Jungen dort knien sah, hielt er sein Pferd an und fragte ihn, ob ihm etwas zugestoßen sei und die Ritter des Königs ihm zu seinem Recht verhelfen könnten.

Parcival fühlte sich so geehrt, dass er die Reiter nur wortlos anstarren konnte und einige Zeit verging, ehe es ihm gelang, den Mund zu öffnen.

»Was seid ihr?«, fragte er.

Gawain beugte sich zu ihm hinunter und sagte: »Wir sind Ritter. Hast du denn noch nie einen gesehen?«

»Noch nie«, erwiderte Parcival und fragte weiter: »Was sind ›Ritter‹?«

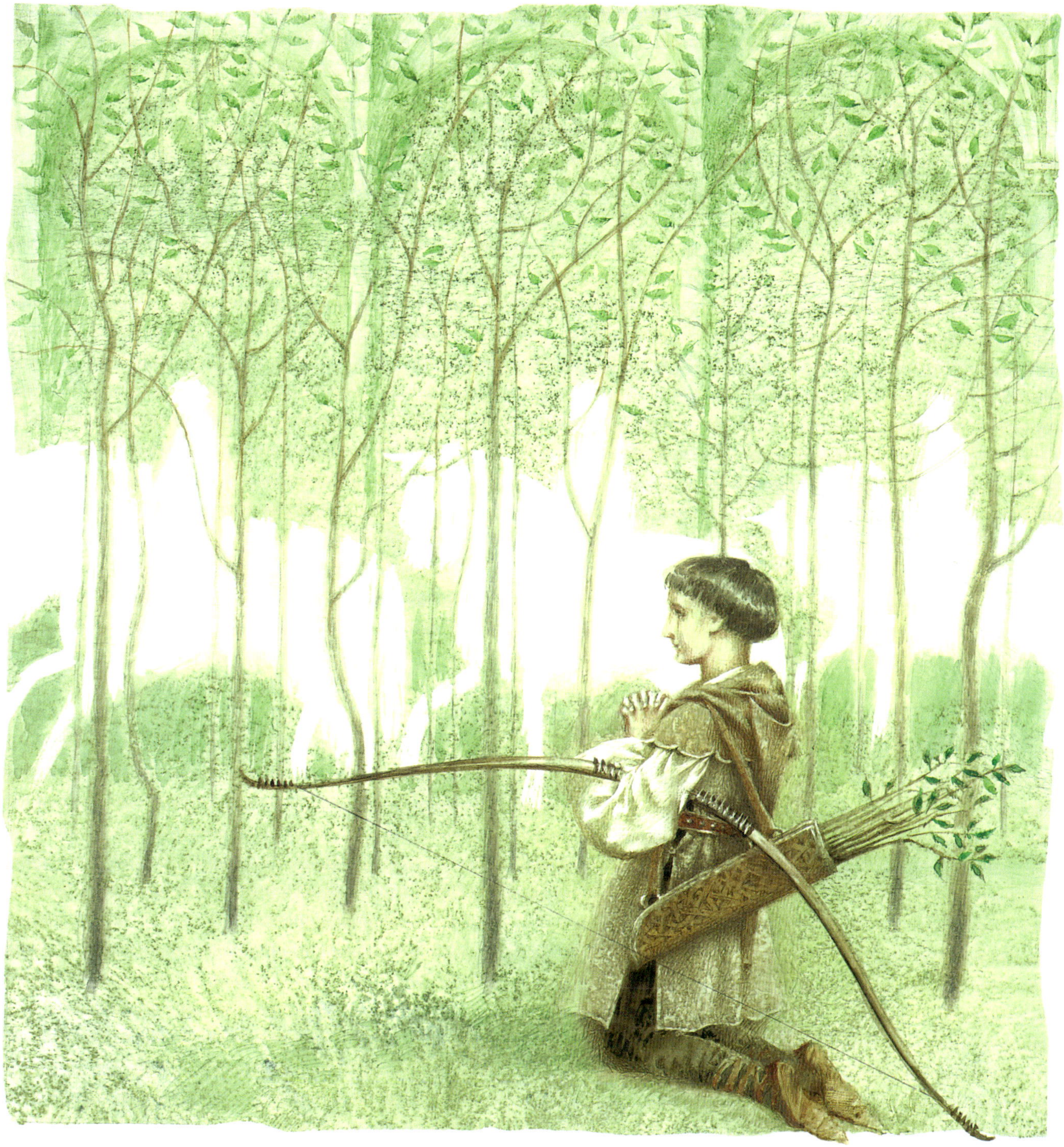

Über diese Frage musste die strahlende Gestalt auf dem Pferd laut lachen.

»Geh zum Hof von König Artus«, antwortete Gawain. »Sein Schloss Camelot liegt westlich von hier. Dort frag nach mir, mein Name ist Sir Gawain von Orkney.«

Dann verschwanden die Ritter ebenso schnell wieder, wie sie erschienen waren.

Von diesem Moment an konnte Parcival an nichts anderes mehr denken, als daran, ein Ritter zu werden, und durch nichts konnte seine Mutter ihn davon abbringen. Am nächsten Tag sattelte er ihr altes Pferd, nahm seine selbst geschnitzten Speere und ritt auf dem Weg, den Sir Gawain ihm gewiesen hatte, durch den Wald, bis er die Mauern von Camelot erblickte.

Egal, wohin er seinen Blick wandte, überall entdeckte er Wunder: die dicht gedrängten Menschenmengen, die stolzen Schlachtrosse, die wehenden Fahnen – und vor allem die vielen Ritter, die alle Augenblicke durch das Tor ritten, um sich auf die Suche nach Abenteuern zu begeben.

Bald nach Parcivals Ankunft feierte man das große Pfingstfest, zu dem alle Ritter der Tafelrunde sich einfanden, um zu berichten, wie es um das Reich Albion stand.

König Artus hatte angeordnet, dass das gesamte Volk an diesem Fest teilnehmen konnte, und so ächzten die Regale der Speisekammern unter dem Gewicht von saftigen Ebern, gefüllten Schwänen, Rebhühnern und Wachteln.

Parcival suchte sich einen Platz unter dem einfachen Volk und starrte mit großen Augen auf die prachtvollen Ritter mit ihren wunderschönen Frauen, den König selbst, der glanzvoll in Gold und Blau gekleidet war, und auf den Barden Taliesin, der musizierte und sang wie eine Nachtigall.

Als der Höhepunkt des Festes erreicht war, entstand ein großer Aufruhr. Ein Ritter in roter Rüstung kam ungestüm in den Festsaal geritten und riss sein Pferd hierhin und dorthin durch die Menge, bis er sich den Weg vor das Podest gebahnt hatte, auf dem König Artus und Königin Guinevere saßen.

In der Erwartung eines Wunders oder einer Herausforderung durch den Ritter wurde es mit einem Schlag still im Saal. Ohne jeden Respekt beugte dieser sich von seinem hohen Ross hinunter und ergriff den goldenen Kelch, aus dem Guinevere eben erst getrunken hatte.

Dann schüttete er, ehe jemand einschreiten konnte, den Rest des Weines in das Gesicht der Königin und sprengte lauthals und höhnisch lachend wieder davon.

Sofort sprangen einige Ritter auf und baten darum, den Eindringling verfolgen und Königin Guineveres Kelch zurückbringen zu dürfen. Parcival hatte es ebenfalls nicht auf seinem Platz gehalten, und nun rief er so laut er konnte: »Sir ... König Artus ... Erteilt mir den Auftrag, ihm zu folgen! Ich möchte Ritter werden und werde Euch beweisen, dass ich dieser Ehre würdig bin.«

Der König sah den ärmlich gekleideten Jungen freundlich an, und Sir Gawain, der den Jüngling aus dem Wald wiedererkannt hatte, lehnte sich hinüber und flüsterte seinem Onkel etwas ins Ohr.

»So sei es«, sagte Artus. »Gebt diesem Jungen ein Pferd und Waffen und lasst ihn sich in diesem Abenteuer erproben.«

Auch wenn einige Ritter zu murren begannen, geschah alles, wie Artus es angeordnet hatte – obwohl Parcival kaum wusste, wie er die Rüstung anlegen und das große Schwert halten sollte, das man ihm reichte. Als er Camelot bald darauf verließ, entschied er sich, seine eigenen Speere mitzunehmen, und saß wie ein Sack Mehl auf dem eleganten Pferd, das er selbst aus den königlichen Stallungen hatte auswählen dürfen.

Es bedeutete einen langen und beschwerlichen Ritt, den Roten Ritter zu verfolgen, und von allen, die er fragte, erfuhr er lediglich, ein solcher Mann sei auf dem Weg in Richtung Norden gesehen worden.

Zwei Tage und Nächte lang durchforstete er das kalte und raue Gebiet des nördlichen Königreichs Gwales. Wenn sein Pferd zu erschöpft war, ihn weiterzutragen, schlief er unter den Sternen und setzte seinen Weg beim ersten Tageslicht fort. Am dritten Tag gelangte er an einen Fluss und traf auf einen dünnen Mann mit einem ausgezehrten Gesicht, der von einem kleinen Boot aus angelte.

Als er den Alten fragte, ob er den Roten Ritter gesehen habe, schüttelte er nur den Kopf. Also folgte Parcival dem Flussufer, bis er zwischen den Bäumen ein halb verfallenes Schloss entdeckte. Da überkam ihn ein so starkes Gefühl von Einsamkeit, dass er zum Schlosstor ritt und darum bat, eingelassen zu werden. Freundlich half man ihm vom Pferd und befreite ihn aus der Rüstung, die er in seiner Rastlosigkeit nicht ein einziges Mal ausgezogen hatte, seit er von Camelot aufgebrochen war. Auch war man so gastfreundlich, ihn zum Abendessen im Schloss einzuladen, doch trotz aller Höflichkeit bemerkte Parcival, dass die Menschen hier viel wortkarger waren, als er es in Camelot erlebt hatte.

Zu seinem großen Erstaunen sah Parcival den Mann wieder, den er am Fluss getroffen hatte. Irgendwie war es dem Alten gelungen, vor ihm das Schloss zu erreichen, und nun stellte sich heraus, dass er der Hausherr war. Er konnte nicht laufen und wurde auf einer Sänfte an den Tisch getragen, wo er sich niederließ, ohne etwas zu essen.

Seine scheinbare Unnahbarkeit, die vielleicht von den fortwährenden Schmerzen herrührte, hielt ihn nicht davon ab, sich freundlich mit Parcival zu unterhalten, sodass der Junge schließlich selbst schüchtern zu sprechen begann und von seiner Sehnsucht sprach, ein Ritter der Tafelrunde zu werden.

Mitten in ihrem Gespräch ertönte eine helle, silberne Glocke, und gleich darauf hielt eine merkwürdige Prozession Einzug im Saal. Zuvorderst befand sich ein Junge, der kaum älter war als Parcival selbst und einen langen Speer mit einem weißen Schaft trug.

Erstaunt beobachtete Parcival, dass sich an der Speerspitze Blut befand, das auf den Boden tropfte.

Dem Jungen folgte ein anmutiges Mädchen mit einem Kelch in der Hand, der mit einem weißen Tuch bedeckt war. Dennoch entströmte dem Gefäß ein solcher Glanz, dass die Fackeln, die den Saal erleuchteten, daneben verblassten.

Das Mädchen ging mit dem Kelch zu dem alten Mann und reichte ihn ihm. Obwohl er nur einen kleinen Schluck daraus nahm, schien ihn der Trank sehr zu stärken. Daraufhin verließen der Junge und das Mädchen mitsamt Speer und Kelch den Saal wieder. Verwundert hatte Parcival alles angeschaut, doch war er zu schüchtern, nach der Bedeutung dessen zu fragen, was er gesehen hatte. Doch schien es ihm, als schaue der Alte ihn nun trauriger an als vorher. Bald darauf entschuldigte sich der Herr des Hauses bei seinem Gast und ließ sich hinaustragen.

Als Parcival am nächsten Morgen erwachte, war sein Pferd bereits gestriegelt und gesattelt. Seine Rüstung hatte man poliert und sein Schwert neu geschliffen, aber der Schlossherr war nirgends zu sehen. Als er aufbrach, um seine Suche nach dem Roten Ritter fortzusetzen, hatte er den Eindruck, eine Wolke der Traurigkeit hänge über dem Schloss, das am helllichten Tag noch trostloser aussah als am Vorabend.

Nun begann für Parcival eine Zeit schwieriger Prüfungen. Er hatte zahlreiche Abenteuer zu bestehen, und viele raue Ritter bezwang er im Kampf und trug ihnen auf, nach Camelot zu reiten, um König Artus über ihr weiteres Schicksal entscheiden zu lassen.

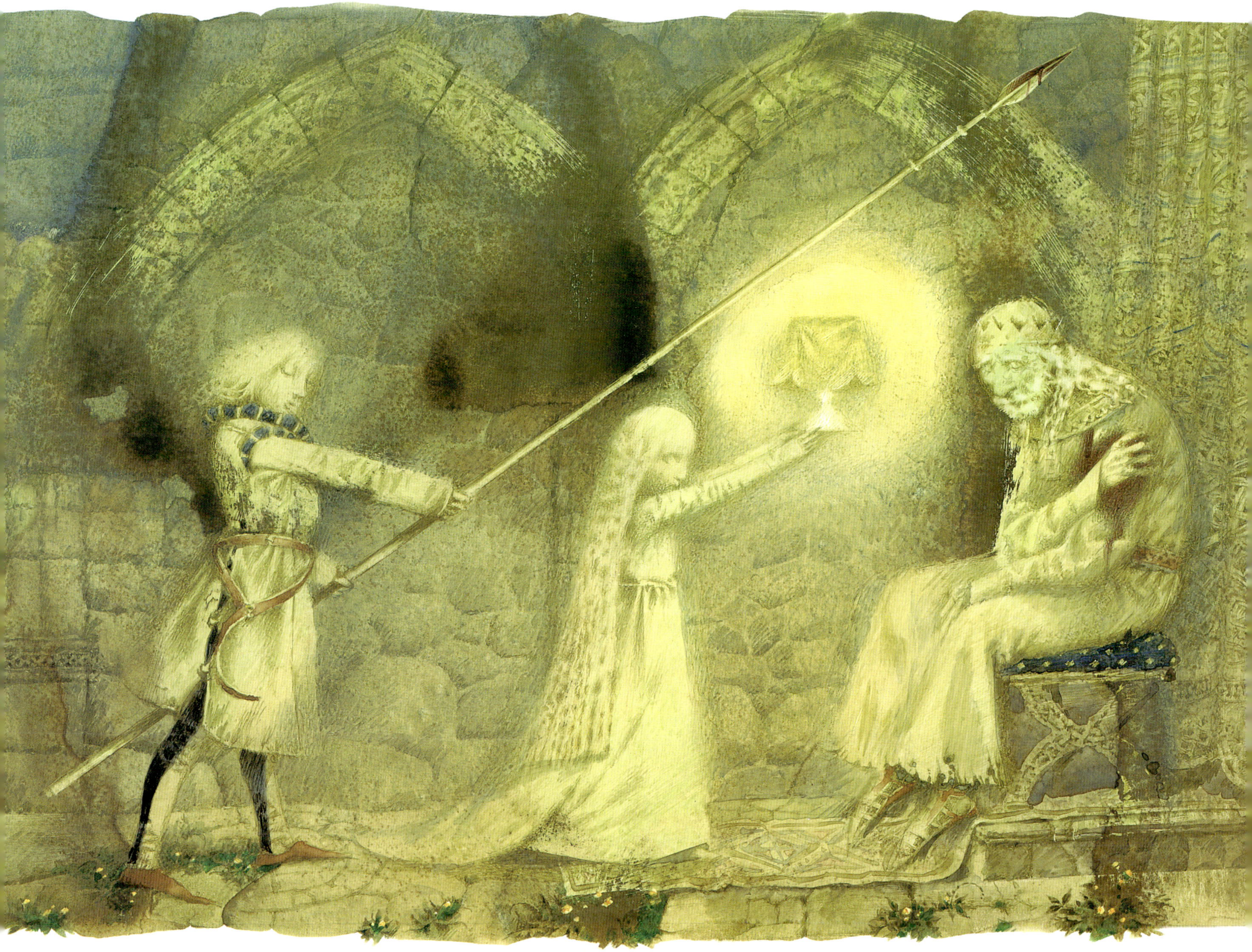

Nicht selten musste er wegen seiner Plumpheit Spott über sich ergehen lassen und ertragen, dass man ihn ungehobelt, töricht oder einfältig nannte.

Monate verstrichen und an den Bäumen entfalteten sich bereits neue Blätter, da erhielt Parcival eines Tages Neuigkeiten über den Roten Ritter. Und bald darauf traf er in einem Gebiet des Goldenen Waldes, das ihm merkwürdig vertraut erschien, endlich auf seinen Widersacher, der den Kelch der Königin hochmütig mit einem seidenen Band an seinen Sattel gebunden hatte.

Die beiden lieferten sich ein erbarmungsloses Gefecht, in dem Parcival einige Male an den Rand der Niederlage gedrängt wurde, denn der Rote Ritter war ein erfahrener Schwertkämpfer. Dennoch gelang es Parcival, ihn zuletzt zu bezwingen und den Kelch zurückzuerobern.

Auf seinem Weg nach Camelot bemerkte er eines Tages, dass er sich in der Nähe des verfallenen Schlosses befand, in dem er dem denkwürdigen Schauspiel mit dem Schwert und dem Kelch beigewohnt hatte. Und diesmal war sein Wunsch, zu erfahren, was die Prozession zu bedeuten hatte, so groß, dass er von seinem Weg abwich und an das Tor des Schlosses klopfte.

Wie beim ersten Mal wurde er von den schweigsamen Bewohnern freundlich willkommen geheißen und auch diesmal sah er, wie der Alte in seiner Sänfte getragen wurde. Nachdem der Fischer-König ihn freundlich begrüßt hatte, saß er wieder ohne zu essen im Saal und trank nur wenig, bis zuletzt der Junge mit dem Speer und das Mädchen mit dem Kelch eintraten. Erneut nahm der alte Mann einen kleinen Schluck aus dem Kelch und schien gestärkt. Und diesmal erhob sich Parcival, ehe die Prozession vorüber war, und fragte:

»Herr, was hat all dies zu bedeuten?«

Kaum hatte er die Frage gestellt, da richtete sich der alte Mann in seinem Stuhl auf.

»Wie lange haben wir darauf gewartet, dass jemand kommen und diese Frage stellen würde!«, sagte er. »Viele Jahre sind vergangen, seit mir eine Wunde zugefügt wurde, die niemals heilen wollte. Die Bestimmung wollte es, dass ich so lange zwischen Leben und Tod schweben müsse, bis jemand mit einem reinen Herzen kommen und mich heilen würde. Der blutende Speer ist die Waffe, die mich verletzt hat – und nur er kann mich heilen. Und nur der Kelch erhält mich noch am Leben.«

Da hatte Parcival plötzlich den Eindruck, er wisse, was er zu tun habe, obwohl es ihm niemand gesagt hatte. Ehrfürchtig nahm er den weißen Speer in die Hand und legte seine Spitze vorsichtig auf die Wunde des alten Mannes. Sofort hörte das Blut, das sich noch immer an der Speerspitze befand, zu fließen auf, und der Schlossherr erhob sich und rief aus, dass er nun endlich geheilt sei.

Voller Freude nahm Parcival Abschied und setzte seinen Weg nach Camelot fort. Auf seiner Reise durch den Wald sah er, dass am Wegrand alle Büsche und

Bäume über und über mit Blüten geschmückt waren, als wolle die Natur selbst ihre Freude über die Heilung des Fischer-Königs zum Ausdruck bringen.
In Camelot wurde Parcival feierlich empfangen und König Artus und Königin Guinevere belohnten ihn für seine großen Taten. Sie erfüllten ihm seinen sehnlichsten Wunsch, indem sie ihn zum Ritter schlugen und in das Bündnis der Tafelrunde aufnahmen.

In den folgenden Jahren wurde Parcival zu einem der glanzvollsten Ritter der Bruderschaft. Dann kam bald der Tag, an dem die Erscheinung des strahlenden Kelches den Festsaal von Camelot erfüllte und alle Ritter – unter denen sich auch Parcival befand – gelobten, ihn zu suchen.
Viele sagten, der Kelch sei der Heilige Gral gewesen, und so begann die Suche nach ihm, die viele Jahre lang andauern und das Leben zahlreicher Ritter fordern sollte. Es heißt weiter, nur drei von ihnen seien bei ihrer Suche erfolgreich gewesen und hätten die glänzende Stadt des Grals gefunden, wo man ihnen Einblick in seine übernatürlichen Kräfte gewährt habe.
Unter diesen dreien soll sich auch Parcival befunden haben, von dem berichtet wird, er sei später der Hüter des Grals geworden, der ihn so lange im Verborgenen hält, bis eines Tages andere kommen werden, die ihn suchen – lange Zeit nach der Herrschaft von König Artus und seinen Rittern der Tafelrunde.

Die Magie Albions

Viel von dem, was wir bis hierher erzählt haben, beweist, dass Albion zu König Artus' Zeit ein Reich voller Magie und undurchschaubarer Wesen war. Jeder Baum des Goldenen Waldes, jeder Hügel und jedes Tal schien wie in einen geheimnisvollen Nebel gehüllt. Es war dies ein alter Zauber, älter als alle Könige und Königinnen, stärker als die Sehnen der Ritter und schärfer als ihre Schwerter; ein Zauber so alt wie die Erde, die Steine und das Licht der Sterne.

Vom Volk der Feen

Viel von dieser Magie hatte seinen Ursprung im Reich der Feen, der hohen und strahlenden Gestalten, die in vergangenen Zeiten ungezwungen das Land bevölkert hatten, sich nun aber in verborgene Höhlen und einsame Berggegenden zurückgezogen hatten. Man sagt, während der glorreichen Zeit, in der Artus König war, seien viele von diesen archaischen Wesen zurückgekehrt – und dies sei der Grund dafür, dass diese Epoche von so vielen Wundern erfüllt war.

Von den vier Schätzen

Vom Feenvolk erhielten die Menschen vier wertvolle Schätze, die von großer Macht und heilsamen Kräften erfüllt waren. Einer von ihnen war *Arawns magischer Kessel*, der die Macht hatte, gefallene Krieger wieder zum Leben zu erwecken, ohne dass sie aber hätten sagen können, was sie in der jenseitigen Welt gesehen hatten.

Ein anderer war ein langer Speer, der vor jeder Schlacht einen Ruf ertönen ließ und in die Hand seines Werfers zurückkehrte. Der dritte Schatz war das Schachspiel, das von allein spielte; die Bewegungen der Figuren auf dem Brett veränderten das Schicksal der mutigsten Ritter Camelots und der schönsten Damen des Hofes. Das vierte Geschenk des Feenvolkes war das Schwert *Carnwennan*, das den Wind durchschneiden konnte und sich, hatte man es einmal gezogen, nicht eher wieder in sein Futteral stecken ließ, bevor es Blut geschmeckt hatte.

Von Merlins Geheimnis

Zu Beginn seiner Herrschaft befanden sich diese Schätze in König Artus' Besitz. Als aber die Tage finsterer wurden und das Ende seiner Zeit nahte, nahm Merlin sie an sich und verbarg sie gemeinsam mit neun weiteren Schätzen in den Höhlen unterhalb Camelots. Auf diese Weise wollte er dafür Sorge tragen, dass nur derjenige, dem es bestimmt war und der in jenen Tagen noch gar nicht geboren war, ihrer habhaft werden könnte. Man nannte diese Schätze ›die Heiligtümer‹, und sogar von ihrem verborgenen, geheimen Ort aus erfüllten sie das gesamte Reich mit Magie.

Von Artus' Abschied

Als König Artus tot war, vergaß man diese alten Heiligtümer, und das Geheimnis ihrer verborgenen Mächte entschwand dem Gedächtnis der Menschen. Nur wenige behielten sie in Erinnerung, und unter diesen Weisen gibt es einige, die bis heute daran glauben, dass irgendwann ein großer Herrscher kommen wird, der sich ihrer annehmen und den alten Zauber des Reiches Albion erneuern wird.

König Artus' Reise nach Avalon

Viele Jahre lang regierte König Artus das Land Albion weise und gerecht. Aber die Zeit, in der beinahe alle Ritter sich auf die Suche nach dem Heiligen Gral begaben und dabei ihr Leben ließen, war für Camelot der Beginn einer finsteren Epoche. Mordred, der jüngste Sohn von König Lot von Orkney und der finsteren Morgause, begann Zwietracht unter den Rittern zu säen, indem er überall von der Freundschaft zwischen Sir Lancelot und Königin Guinevere und ihrem Verrat an König Artus erzählte. Sogar Artus selbst begann zu zweifeln und ließ sich dazu überreden, Königin Guinevere einzusperren und ihre Treue auf die Probe zu stellen.

Hartherzige Richter beschuldigten sie des Verrats, und so wurde Guinevere zum Tod durch den Scheiterhaufen verurteilt, wie es den Gesetzen der Zeit entsprach. Tatsächlich aber verhielt es sich so, dass Sir Lancelot die Königin zwar liebte, seit er ihr zum ersten Mal begegnet war. Aber die Treue seinem König und der Bruderschaft der Tafelrunde gegenüber waren das oberste Gebot, sodass er sie zeitlebens nur aus der Ferne bewunderte.

Deshalb begab er sich, als er von ihrer Verurteilung erfuhr, umgehend auf den Weg nach Camelot, um ihr beizustehen. Er erreichte den Königshof am Tag ihrer Hinrichtung – es war zu spät für eine Verteidigungsrede. Also musste er zur Tat schreiten! Er überwand ihre Aufseher und brachte Guinevere in seinem Schloss in Sicherheit. Doch es wurde auch Blut vergossen – als es bei ihrer Flucht zu einem Gefecht kam, erschlug er Sir Gareth und Sir Agravain, die beiden Brüder Sir Gawains und die Neffen des Königs.

Von diesem Tag an herrschte Krieg zwischen Artus und seinem besten Ritter, vor allem aber zwischen Gawain und Lancelot. Die ehemaligen Freunde waren von nun an erbitterte Feinde. Finster waren die Tage, die hierauf folgten.

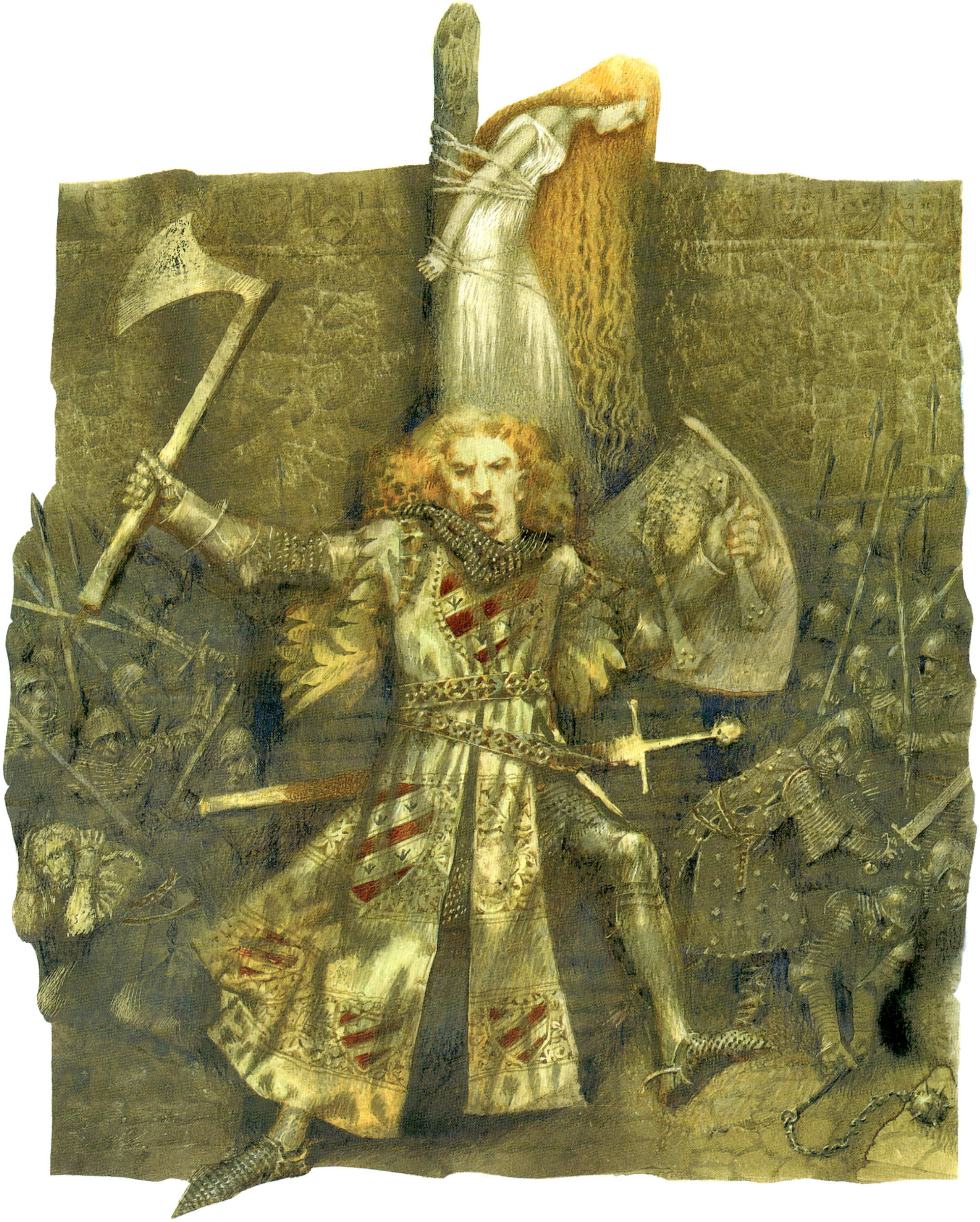

Während Artus und Gawain fortgezogen waren, um Lancelots Schloss zu belagern, erklärte Mordred sich selbst zum König und rief eine Rotte zusammen, um gegen den König in die Schlacht zu ziehen. Als Artus dies erfuhr, schloss er Frieden mit Lancelot und nahm Guinevere wieder als Königin an seine Seite. Doch inzwischen war die Wunde, die im Herzen des Reiches klaffte, zu groß geworden, um noch geheilt werden zu können, und so kam es an einem finstern Tag in der Nähe des Ortes Camlan zu einer schicksalsträchtigen Schlacht.

Grimmig und zu allem entschlossen brachten sich am Morgen dieses Tages die Streitkräfte des Königs und Mordreds Männer in Stellung. Nur König Artus war noch immer entschlossen, die Schlacht im letzten Moment abzuwenden und dachte über ein mögliches Friedensangebot nach. Doch da geschah es, dass eine kleine Schlange durchs Gras glitt und einem Ritter in den Fuß biss. Als dieser sein Schwert zückte, um sie zu erschlagen, blitzte seine Klinge hell in der Sonne auf, und das verstand die Gegenseite als Signal zum Beginn der Schlacht.

Den ganzen Tag lang bekämpften sie sich ohne Gnade und auf beiden Seiten fanden viele mutige Männer den Tod. Die letzten Mitglieder der großen Bruderschaft starben an der Seite des Königs, bis schließlich nur noch eine Handvoll Ritter übrig blieb. Lancelot, dem es vielleicht gelungen wäre, das Blatt zu wenden, befand sich in der Verbannung und kam zu spät, um seinen Herrn noch retten zu können. Inmitten des Schlachtfelds trafen König Artus und Mordred aufeinander, und der Kampf zwischen den beiden währte so lange, bis der König seinem Neffen eine schwere Wunde zufügte. Doch mit seinem letzten verzweifelten Schlag traf Mordreds Schwert Artus am Kopf, worauf dieser zu Boden stürzte und reglos liegen blieb. Sir Bedivere und Sir Iwein, die ebenfalls schwer verwundet waren, fanden ihn an der Seite des toten Mordred und trugen ihn ans Ufer eines kleinen ruhigen Sees, um seine Wunden zu waschen.

Nach einer Weile regte sich der König. Mit schwacher Stimme bat er Sir Bedivere, sein Schwert an sich zu nehmen und ins Wasser zu werfen – denn er hatte erkannt, dass er sich an dem Ort befand, zu

Das Reich Albion

Die Form dieser Karte hat die Umrisse einer mittelalterlichen Karte Albions, sie wurde gezeichnet, bevor die Kartografen in der Lage waren, so exakt wie heute zu messen. Die geografische Zuordnung der einzelnen Orte beruht auf lokalen Überlieferungen, die von der Anwesenheit König Artus' und seiner Ritter, der Damen vom See oder anderer magischer Wesen erzählen.

Aber da Albion ein sehr geheimnisvolles und unergründliches Reich ist, können sich die Schlösser, Städte, Wälder und Seen, an denen all die Abenteuer stattgefunden haben, heute hier und morgen da befinden – oder sogar in undurchdringlichen Nebeln verschwinden und nie wieder auftauchen.

Kartenlegende

1. Die Äußeren Inseln, Heimat König Pellinores
2. Schloss der aussätzigen Dame, die von Dindrane geheilt wurde
3. Sarras, Stadt des Grals
4. Wald von Inglewood, wo Königin Guinevere ein Geist erschien
5. Sir Lancelots Schloss der Freude
6. Merlins Höhle, in der er sich vor seinen Feinden versteckte
7. Der Alte Wall, an dem Artus gegen den schottischen Stamm der Pikten kämpfte
8. Schloss Ganis, die Heimat von Sir Bors
9. Carlisle, Artus' zweite große Stadt
10. Schloss des Fischer-Königs und Heimat der Gralsfamilie
11. Der Wilde Wald, in dem Sir Ector lebte
12. Corbenic, Parcivals Heimat
13. Kapelle der Gefahren, wo Lancelot die schwarzen Ritter traf
14. Schloss von Sir Bercilak
15. Die Geheimnisvolle Quelle, deren Hüter Iwein wurde
16. Die Grüne Kapelle, bei der Gawain den Grünen Ritter traf
17. Mon, die Insel der Druiden
18. Merlins Hügel, an dem er Vortigern half
19. Hochebene, auf der Sir Bercilak lebte
20. Der Goldene Wald, in dem alle Abenteuer begannen
21. Die Insel Bardsey, von der einige sagen, hier habe Merlin die dreizehn Schätze aufbewahrt
22. Der See, Heimat der neun Damen
23. Schloss der Damen, ein Ort dunkler Magie
24. Camlan, wo Artus seine letzte Schlacht erlebte
25. Turm der Qualen, Heimat vieler schwarzer Ritter
26. Der Wald von Bedegrayne, wo Artus den Weißen Hirsch jagte
27. Ort der Schlacht gegen die elf Könige
28. Tintagel, Artus' Geburtsort
29. Roche Rock, wo Sir Tristan eingesperrt wurde
30. Camelot, die Heimat der Tafelrunde
31. Das Schwert im Stein, das Artus herauszog
32. Schloss Astolat, Heimat von Lady Elaine
33. St. Michaels Mount, wo Artus gegen einen Riesen kämpfte
34. Schloss Dore, Heimat des Königs Marke von Cornwall
35. Sir Tristans Grab
36. Stonehenge, Ebene von Sarum
37. Schloss der Schlüssel, Heimat von Sir Kay

dem Merlin ihn vor langer Zeit geführt hatte, um von Lady Argante das Schwert Excalibur zu erhalten.

Sir Bedivere zögerte zunächst, das Schwert dem Wasser zu übergeben, denn die magische Kraft dieser Waffe war ein Teil der Stärke des Königs und somit des ganzen Reiches selbst. Dann aber überwand seine Treue dem König gegenüber seine Skrupel und er schleuderte das Schwert weit in den See hinein. Dort, inmitten der kleinen Wellen auf der Oberfläche des Sees, kehrte das Schwert Excalibur an seine alte Stätte zurück, und Sir Bedivere schwor später, inmitten des schwarzen Wassers sei eine weiße Hand erschienen, die das Schwert aufgefangen und mit sich in die Tiefe gezogen habe.

Als Sir Bedivere zurückgekehrt war, kniete er mit Sir Iwein voller Angst um das Leben des Königs neben Artus nieder.

Da erschien plötzlich, begleitet vom Klang heller Glocken, ein kleines Boot auf dem Wasser. Darin befanden sich drei Damen mit strahlend weißen Gesichtern, und man sagt, es seien drei der neun Damen Avalons gewesen, die den König holen wollten, um ihn zu heilen.

Behutsam trugen sie König Artus in das Boot, und Sir Bedivere und Sir Iwein sahen zu, wie sich das Gefährt langsam entfernte und bald darauf im Nebel, der sich über dem Wasser ausgebreitet hatte, verschwand.

So reiste der glanzvolle König Artus aus der Welt der Menschen in das Land Avalon, in dem man kein Verstreichen der Zeit kennt und wo außer dem Gesang dreier magischer Vögel nur Ruhe und Frieden herrschen. Wer den Gesang dieser Vögel hört, so heißt es unter den Weisen dieses Reiches, wird niemals sterben, und deshalb sind sie fest davon überzeugt, dass Artus eines Tages wiederkehren wird. Er wird das Schwert aus dem See wieder an sich nehmen, um mit all seinem Mut und all seiner Kraft die finsteren Mächte der Welt herauszufordern und zu besiegen.

Der Autor

John Matthews hat über hundert Bücher geschrieben. In vielen davon geht es um die Mythen und Legenden, aber auch um die wirkliche Geschichte von König Artus und seinen Rittern. Bei den Dreharbeiten für den Film *King Arthur* von Jerry Bruckheimer (2004) war er als Berater tätig. Er lebt mit seiner Frau Caitlín und seinem Sohn Emrys in Oxford.

Der Illustrator

»Die Welt der Mythen und Legenden hat schon immer die Schriftsteller, Komponisten und Künstler inspiriert. Für mich war es eine große Freude, die Legenden um König Artus und die Ritter der Tafelrunde illustrieren zu können«, sagt Pavel Tatarnikov, der ein Jahr in England verbrachte, um an seinen beeindruckenden Bildern für dieses Buch zu arbeiten. Er wurde 1971 in einer Künstlerfamilie geboren und erhielt wegen seines großen Talents schon mit elf Jahren einen Platz an der Staatlichen Schule für Musik und schöne Künste in Minsk, Weißrussland. Dann studierte er an der Weißrussischen Akademie der Künste und arbeitete als Illustrator. Der mehrfach ausgezeichnete Künstler arbeitet besonders gern an Projekten, die seine Faszination zu Mythen und Legenden mit seiner Liebe zur Literatur und Geschichte verbindet. Er lebt mit seiner Frau Irina in Weißrussland.

Literatur

Thomas Malory, *König Artus.* Insel, Frankfurt 2006
Chrétien de Troyes, *Der Perceval-Roman oder die Erzählung vom Gral.* Reclam, Stuttgart 1991
ders., *Erec und Enide.* Reclam, Stuttgart 2000
Kevin Crossley-Holland, *Artus – Der magische Spiegel.* Urachhaus, Stuttgart 2001
ders., *Artus – Zwischen den Welten.* Urachhaus, Stuttgart 2002
ders., *Artus – Im Zeichen des Kreuzes.* Urachhaus, Stuttgart 2004
Rosemary Sutcliff, *König Artus und die Abenteuer der Ritter von der Tafelrunde.* Verlag Freies Geistesleben, Stuttgart ²2006